W0007027

作者 李光福

識字兒歌

組字遊戲

文字大會串

動動腦時間

這一篇序，是寫給「大朋友」看的

別讓孩子壞了語文學習的胃口

市面上有各式各樣的兒童語文書，像作文指南啦、成語大全啦……等等，但我們敢說，當小朋友從大人手中接過這些書時，心中總有一些不情願。

因為對孩子來說，這些形式呆板、設計單調、內容過於強調功能性的語文讀物，其實只是另一種形式的參考書。

然而，誰都不能否認語文能力對學習的重要性。

想想看，如果語文能力不夠好，看電影、讀小說的時候，可能你就是那個「鴨子聽雷」的門外漢，讀不出滋味來。

也許你會想，「這有什麼關係！沒有這些休閒娛樂，我一樣活得好好的。」可是如果再仔細想想，就會發現，連日常生活的細節也離不開語文——比如搭公車時要看站牌，買東西時要看廣告單、說明書，甚至找工作時也要寫履歷表和自傳……

現在，你可不得不對語文另眼相待了吧！

語文甚至和政治、國防等國家大事也密切相關呢！你也許想像不到，在美國聯邦政府的各個單位中，撥最多經費從事語文教育的部門，不是教育部，而是國防部。因為他們知道，缺乏語文能力的軍人，只要在使用武器時，按錯了一個鈕，接錯了一條線，後果實在是不堪設想的。

因此，我們認為，好的語文能力是決定一個人是否具備獨立學習能力的重要關鍵。

有了這樣宏觀的觀念，語文學習的意義，便不應只是著重於認識很多字、學會注音符號，或是對成語、俗語倒背如流，甚至能寫出流利、通順的作文而已。

它應該是生活學問的基礎——比如與他人溝通時，不致語無倫次、雞同鴨講。

它應該是生命情調的培養——比如看到好的文章，內心會自然而然地受到感動。

它應該是建立個人知識體系的基礎——比如念書時懂得旁徵博引、觸類旁通；又如聽演講或政見會時，會利用自己的語文知識、邏輯思維和常識來思考、判斷，而不致人云亦云，被他人牽著鼻子走而不自知。

語文教育既然如此重要，我們實在不忍心孩子們只能面對一般味同嚼蠟的語文讀物，而從此壞了閱讀此類書籍的胃口！

難道孩子們不能擁有一套除了實用，也能可愛、有趣、讓人真心喜愛的語文書嗎？

於是，我們決定為小朋友建築一座不枯燥、不乏味，而又洋溢著閱讀樂趣的「小魯語文堡」。語文堡的建築藍圖是我們心目中認為好的語文書應具備的條件：

一、培養孩子對文字的美感經驗，以及對文學的審美眼光。看到好的作品，能夠發自內心受到感動，知道它好在哪裡。

二、在設計上，結合了知識性與趣味性。唯有寓知識於情趣之中，不過分強調語文的功能性，才不會讓孩子食之無味。

三、以活用為目標，提供各種創造性閱讀法，讓孩子成為學習語文的有心人，時時刻刻都能在生活中發現美妙的語文、新鮮的詞彙——舉凡成語、俗語、諺語、散文、詩詞，甚至外國的座右銘、格言，以及寓言……等等，都能俯拾即得，運用自如，而不只是強記死背。

「小魯語文堡」是專門為小朋友而建造的，因為我們相信，只要提供一塊適當的園地，每個孩子都是語文學習的能手！

這一篇序，是寫給「小朋友」看的

從兒歌中大玩識字遊戲

李光福

一直以來國語文領域的教學，都以識字教學為主幹。小朋友學了單字，才能組合成詞；有了詞，才能結合成句子。具備了組字成詞、組詞成句的基本能力後，才能有利於聽、說、讀、寫、作的學習。

透過語文科的生字教學，雖然小朋友可以認識許多字，但因教科書上生字的編排，忽略了循序漸進的原則（如：先學獨體字，後學組合字、字頻的先後順序等），因此不少小朋友會寫錯別字、讀錯音，或是對字的組合混淆不清，造成學習上的障礙。

有鑒於此，筆者因而編寫了「識字兒歌」這本學習輔助教材，藉由規律性、趣味性與音樂性，激發小朋友的學習興趣，提升學習的效果，達到「大量識字」的目的。

「大量識字」不但可以為國語文的學習打下深厚的基礎，且有助於其他領域的學習。其次，可以幫助小朋友進行自我學習，培養閱讀的興趣，提高發表的能力，提升語文的程度。

本書從「部件」概念出發，相同的字族編寫成一首兒歌，共編了七十首，約有四百六十個供小朋友認識的字，原則上以一至四年級為適用對象。「組字遊戲」是為了協助小朋友對字形結構的區分，避免產生混淆的現象；「文字大會串」旨在測驗小朋友學習的結果，評量小朋友造詞、應用的能力；這兩個部分學生可在書末找到參考解答。「動動腦時間」設計了知識性、思考性、批判性與情意部分的問題，激發小朋友的思考判斷能力，達到較多元的語文學習效果，這部分並不提供解答參考。

希望透過有心的教師與家長，提升小朋友的學習意願，讓小朋友的語文基礎能更根深蒂固！

目錄

1 小扒手

小扒手，
到處扒，
扒了八支小喇叭。
小扒手，
怕被抓，
趴在床下躲警察。

註釋

扒手：偷取別人財物的賊。
趴：臉和身體向下伏倒。

一 組字遊戲

1.（手）＋（八）＝（　）
2.（口）＋（八）＝（　）
3.（足）＋（八）＝（　）

二 文字大會串：從兒歌中找出含有「八」的字，填在適當的（　）中。

1. 身後（　）（　）聲突然響起，害我嚇了一跳。
2. 媽媽逛街時，被（　）走了（　）百元。
3. 弟弟（　）在地板上玩積木。

三 動動腦時間

1. 小扒手做了什麼壞事？
2. 小扒手為什麼要趴在床下？

2 水泥工看彩虹

下過雨，微風送，
一道彩虹在空中。
水泥工，臉紅紅，
扛著水缸和木桶。
抬起頭，挺起胸，
站在江邊看彩虹。

組字遊戲

虫、糸、缶、穴、扌、氵 + 工

註釋

水泥工：用水泥建造工程的工人。
扛：把物品放在肩上。

二 文字大會串：從兒歌中找出含有「工」的字，填在適當的（　）中。

1. 魚（　）裡，養了兩條（　）色的金魚。
2. 天（　）出現了一道彩（　），好美呀！
3. （　）伯伯（　）著鋤頭到田裡（　）作。

三 動動腦時間

1. 水泥工的臉為什麼會紅紅的？
2. 請你查查資料，找出彩虹形成的原因。

3 美妙

有個女孩叫美妙，
會紡紗，手很巧，
專賣肉燥豆沙包。
客人多，聲音吵，
美妙臉上微微笑。

＊＊＊＊＊＊＊＊＊＊＊＊＊＊＊＊＊＊＊＊

肉燥炒一炒，
包子包一包，
分秒不願浪費掉。
帳目抄一抄，
鈔票真不少，
美妙的事已來到。

註釋

紡紗：將絲、麻、棉等抽成線紗。

一組字遊戲

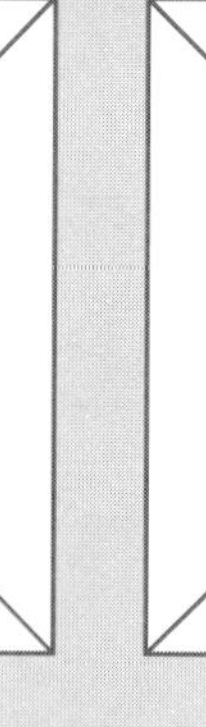

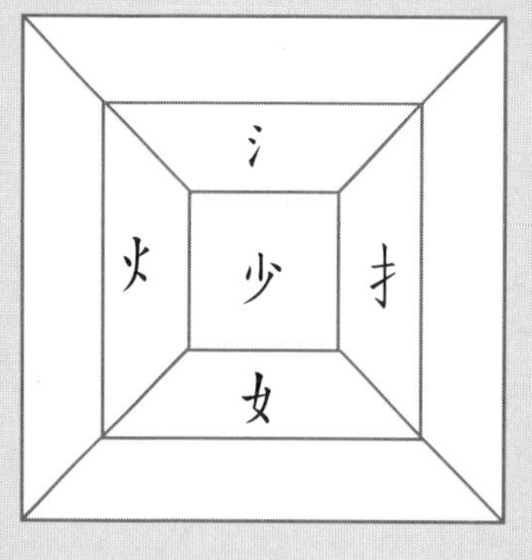

文字大會串：從兒歌中找出含有「少」的字，填在適當的（　）中。

1.「（　）茶牛肉」要用大火快（　）才好吃。
2. 一到暑假，校園裡就缺（　）了（　）鬧的聲音。
3. 爸爸只用了四十（　）鐘，就數完了這疊（　）票。
4. 我剛把課文（　）寫完畢，媽媽就叫我去藥房買（　）布。
5. 張醫師的醫術高明，人人誇他「（　）手回春」。

動動腦時間

1. 想想看，美妙賺錢的祕訣是什麼？
2. 面帶笑容有什麼好處？說說你的經驗。

4

阿胖哥

阿胖哥，動作慢，
愛吃油拌飯。
找同伴，到湖畔，
比賽划龍船。

＊＊＊＊＊＊＊＊＊＊＊＊＊＊＊＊＊＊＊＊

纜繩絆了腳，
跌倒撞到船，
船槳折斷變兩半，
不能上場怎麼辦，
裁判要他想辦法，
借支船槳來划船。

註釋

拌：調和。
湖畔：湖邊。
絆腳：腳受到物體阻礙被纏住或擋住。
裁判：比賽時，擔任評判工作的人。

一 組字遊戲

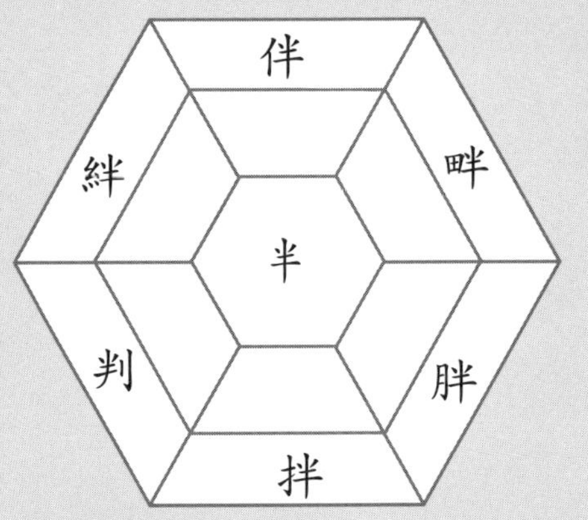

二　文字大會串：從兒歌中找出含有「半」的字，填在適當的（　）中。

1.（　）嘟嘟的志明，是我最要好的玩（　）。

2. 媽媽倒了（　）杯牛奶，和麵粉攪（　）在一起。

3. 根據我的（　）斷，志偉一定又溜到溪（　）玩水了。

4. 妹妹被跳繩（　）了腳，跌了一跤。

三　動動腦時間

1. 兒歌裡描述的阿胖哥有什麼特徵？

2. 參加畫畫比賽時，發現水彩筆斷了，你會怎麼辦？

5 小貓咪

小貓咪，真有趣，
爸爸陪我猜謎語，
牠在旁邊玩遊戲，
跳上跳下很入迷。
玩累了，喘口氣，
吃些米飯補體力，

＊＊＊＊＊＊＊＊＊＊＊＊＊＊＊＊＊＊＊＊

打起哈欠伸懶腰，
瞇著眼睛稍休息。
我對貓咪笑咪咪，
說聲我愛你，
貓咪跑，貓咪跳，
跳進我的懷抱裡。

註釋

入迷：專心在一件事物上，達到沉迷的地步。

瞇著：上下眼皮微微閉合。

組字遊戲

1. (口)＋(米)＝(　)
2. (米)＋(辶)＝(　)
3. (目)＋(米)＋(辶)＝(　)
4. (言)＋(米)＋(辶)＝(　)

二 文字大會串：從兒歌中找出含有「米」的字，填在適當的（　）中。

1. 元宵節晚上，我們去廟裡猜燈（　）。
2. 表姊是個寵物（　），養了許多小貓（　）。
3. 弟弟總是（　）著眼睛看東西，是不是患了近視？

動動腦時間

1. 養小貓咪有什麼好處或壞處？說出你的看法。
2. 你喜歡養什麼寵物？為什麼？

6 小乞丐

小乞丐，本姓丁，
沒了父母，苦伶仃，
衣服褲子全補釘。
白天蒼蠅沾，
夜裡蚊子叮，
沒有親事可以訂。

＊＊＊＊＊＊＊＊＊＊＊＊＊＊＊＊＊＊＊＊＊

屋外下雨叮咚叮，
屋內漏雨叮咚叮，
小乞丐睜大眼睛，
盯著屋頂到天明。

註釋

伶仃：孤苦無依的樣子。
補釘：衣服、鞋襪縫補過的地方。
盯著：集中精神，用心看。

組字遊戲

1.（　）＋（　）＝（仃）
2.（　）＋（　）＝（釘）
3.（　）＋（　）＝（叮）
4.（　）＋（　）＝（訂）
5.（　）＋（　）＝（盯）
6.（　）＋（　）＝（頂）

二

文字大會串：從兒歌中找出含有「丁」的字，填在適當的（　）中。

1. （　）阿姨下星期要（　）婚了，我們都為她高興。
2. 媽媽送一（　）帽子給那個孤苦伶（　）的小男孩。
3. 我的臉上被蚊子（　）了好幾個包，大家都（　）著我看。
4. 爸爸從五金行買了一些鐵（　）回來。

三

動動腦時間

1. 小乞丐為什麼要盯著屋頂到天明？
2. 你看到小乞丐有什麼感覺？

7 大阪的攤販

買船票，上了船，
搖哇搖，到大阪，
大阪有個小攤販，
賣拉麵，賣炒飯，
老闆板著臉，
面無表情像木板。

＊＊＊＊＊＊＊＊＊＊＊＊＊＊＊＊＊＊＊＊＊

旅客見了很反感，
不想吃拉麵，
不想吃炒飯，
返回旅社吃飯糰。

註釋

大阪：都市名，位於日本。
攤販：路邊販賣東西的人。
返：回。

一 組字遊戲

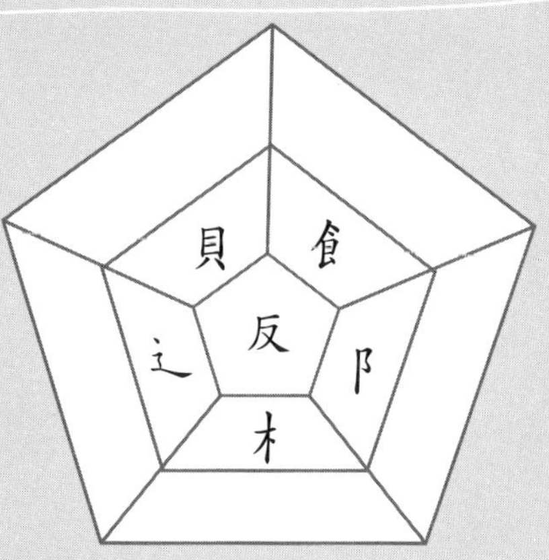

二 文字大會串：從兒歌中找出含有「反」的字，填在適當的（　）中。

1. 舅舅明天要從日本大（　　）坐飛機（　　）回臺灣。
2. 這家飲食店（　　）賣的排骨（　　）味道很棒。
3. 這本書你拿去吧！（　　）正我已經看完了。
4. 爸爸用木（　　）釘了一個書架。

三 動動腦時間

1. 旅客為什麼回到旅社吃飯糰？
2. 你覺得老闆應該怎麼做，顧客才會上門來？

8 餵蝌蚪

科學家，住斗六，
屋旁有條小溪流，
溪裡許多小蝌蚪。
科學家伸出手，
抓把飼料餵蝌蚪，
身子一斜，
掉進溪流，
身體冷得直發抖。

註釋
斗六：地名，在雲林縣。
斜：不正。

組字遊戲
1. （禾）＋（斗）＝（　）
2. （虫）＋（斗）＝（　）
3. （手）＋（斗）＝（　）
4. （米）＋（斗）＝（　）
5. （余）＋（斗）＝（　）
6. （虫）＋（禾）＋（斗）＝（　）

二 文字大會串：從兒歌中找出含有「斗」的字，填在適當的（　）中。

1.（　）（　）長大後，會變成青蛙。

2.這位（　）學家可說是才高八（　）。

3.外公用顫（　）的手，拿一瓶飲（　）給我。

4.用（　）眼看人，是沒禮貌的舉動。

三 動動腦時間

1.科學家為什麼會冷得直發抖？

2.你知道蝌蚪的成蟲是什麼嗎？上網找一找資料。

9 姑媽賣香菇

老姑媽，命真苦，
家中生變故，
沒米可裹腹，
沒地可居住，
身體像枯樹，
只好到處賣香菇。

＊＊＊＊＊＊＊＊＊＊＊＊＊＊＊＊＊＊＊＊

肚子咕嚕嚕，
身邊沒食物，
老姑媽，很頑固，
寧願自己餓肚子，
就是不肯吃香菇。

註釋

變故：發生意外的災難。
咕嚕：肚子餓時發出的聲音。
頑固：固執保守，不知變通。

組字遊戲

1.（女）＋（古）＝（　）
2.（艸）＋（古）＝（　）
3.（木）＋（古）＝（　）
4.（古）＋（攵）＝（　）
5.（尸）＋（古）＝（　）
6.（口）＋（古）＝（　）
7.（囗）＋（古）＝（　）
8.（艸）＋（女）＋（古）＝（　）

二 文字大會串：從兒歌中找出含有「古」的字，填在適當的（　）中。

1. 我最喜歡聽（　）文說（　）事了。
2. 這棵（　）樹上，（　）然長了許多香（　），真稀奇呀！
3. 林奶奶雖然生活窮（　），可是她很（　）執，不願意接受別人的幫助。
4. 我的肚子（　）嚕（　）嚕地叫著，原來吃飯的時間到了。

三 動動腦時間

1. 從哪裡可以看出老姑媽命苦？
2. 老姑媽為什麼不肯吃香菇？

10 杜大叔吃牡蠣

杜大叔，遊澎湖，
住旅社，還下廚，
三斤牡蠣灶上煮，
大口大口吞下肚。

＊＊＊＊＊＊＊＊＊＊＊＊＊＊＊＊＊＊＊＊

中了毒，不舒服，
又腹瀉，又嘔吐，
縮起身體地上滾，
滾來滾去
全身都是土。

一 組字遊戲

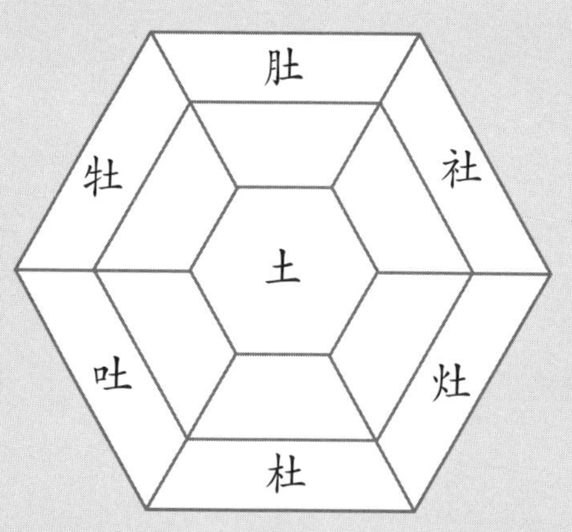

註釋

牡蠣：水生動物名，肉味鮮美。

灶：以磚土或石塊砌成，用來生火、烹飪的設備。

二、文字大會串：從兒歌中找出含有「土」的字，填在適當的（　）中。

1.（　）老師穿著一件繡著（　）丹花的旗袍上臺表演唱歌。

2. 妹妹說她（　）子很痛，還不停嘔（　），大概患了腸胃炎。

3. 上（　）會課時，老師帶我們去參觀廟宇，了解鄉（　）民情。

4. 外公家還保留著一口大爐（　）。

三、動動腦時間

1. 為什麼杜大叔會中毒？

2. 吃東西時，要注意哪些事項？

11 柯大哥和何二哥

柯大哥，
下田去採荷，
何二哥，
過河去賣蚵，

＊＊＊＊＊＊＊＊＊＊＊＊＊＊＊＊＊＊＊＊

採了荷，賣了蚵，
兩位阿哥笑呵呵，
放聲唱山歌。

註釋

蚵：牡蠣，又叫做「蠔」。
笑呵呵：大聲的笑。

一 組字遊戲

1. （木）＋（可）＝（　）
2. （可）＋（可）＝（　）
3. （人）＋（可）＝（　）
4. （水）＋（可）＝（　）
5. （虫）＋（可）＝（　）
6. （口）＋（可）＝（　）
7. （艸）＋（人）＋（可）＝（　）
8. （可）＋（可）＋（欠）＝（　）

二 文字大會串：從兒歌中找出含有「可」的字，填在適當的（　）中。

1. 你的（　）聲不好，我也無可奈（　）呀。
2. 表（　）最喜歡吃（　）仔煎了。
3. （　）伯伯常到（　）邊釣魚。
4. 姊姊一看到盛開的（　）花，就（　）（　）地笑了起來。

三 動動腦時間

1. 柯大哥和何二哥各自從事什麼工作？
2. 柯大哥和何二哥為什麼笑呵呵？

12 老礦工採銅

高山上頭有個洞，
洞裡藏著許多銅，
一群老礦工，
背著大竹筒，
一同上山去挖銅。

＊＊＊＊＊＊＊＊＊＊＊＊＊＊＊＊＊＊＊＊

挖了銅，出了洞，
梧桐樹下坐一坐，
快樂齊歌頌。

註釋

竹筒：用竹子製成的圓筒狀器具。

梧桐樹：樹名。

一 組字遊戲

1. （　）＋（同）＝（洞）
2. （　）＋（同）＝（銅）
3. （　）＋（同）＝（筒）
4. （　）＋（同）＝（桐）

文字大會串：從兒歌中找出含有「同」的字，填在適當的（　）中。

1. 聽說這座山（　）裡，蘊藏著豐富的（　）礦。
2. 校園裡，種了許多不（　）種類的樹木，其中有一棵是梧（　）樹。
3. 上藝術與人文課時，老師教我們製作萬花（　）。

動動腦時間

1. 老礦工背著竹筒做什麼？
2. 老礦工為什麼會快樂歌頌？

13

小青和小菁

小青青，很文靜，
喜歡看蜻蜓；
小菁菁，笑盈盈，
誠心去邀請，
要和小青去踏青。
天氣晴，清風輕，

* * * * * * * * * * * * * * * * * * * *

兩人散步青草地，
張大眼睛看風景，
精神振作好心情。

註釋

邀請：邀約招請。
清風：清涼的風。

一 組字遊戲

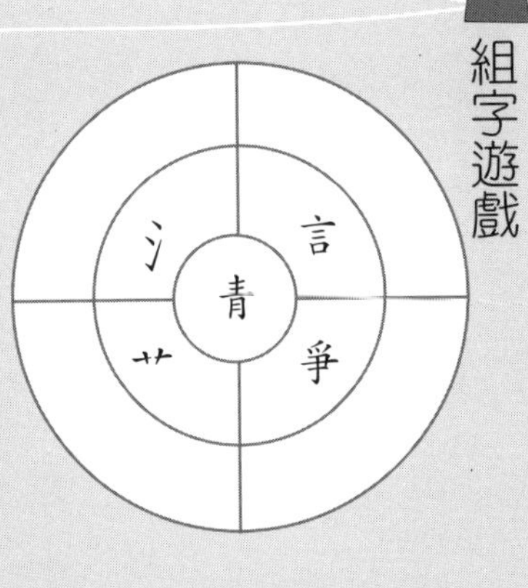

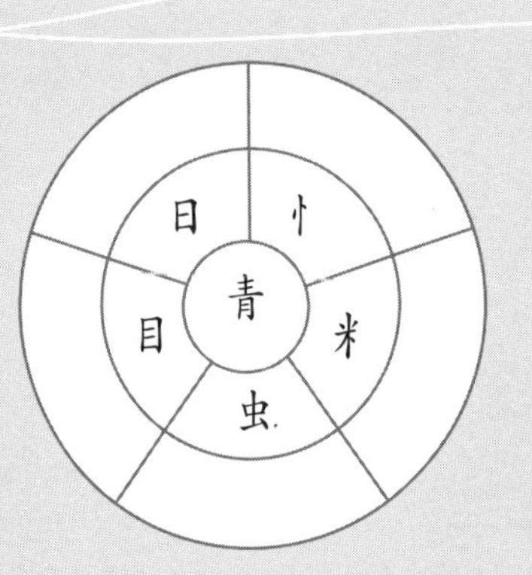

二 文字大會串：從兒歌中找出含有「青」的字，填在適當的（　）中。

1. 趙大哥雖然眼（　）看不見，可是他努力向上的（　）神，令人敬佩！
2. 哥哥對（　）蛙和（　）蜓的生態很有興趣。
3. （　）你一定要記住我們這份深厚的友（　）。
4. 我喜歡把腳泡在（　）澈的溪水中，（　）（　）咀嚼詩的（　）華。
5. 今天天氣（　）朗，老師帶我們去郊遊。

動動腦時間

1. 你知道「踏青」的意思嗎？請查一查資料。
2. 你有過到郊外踏青的經驗嗎？說說你的感受。

14

單身漢

單身漢，撐竹竿，
搖著船兒到對岸，
上了岸，滿身汗，
走進市場買豬肝。
看見一根釣魚杆，
掛著一本半月刊。

＊＊＊＊＊＊＊＊＊＊＊＊＊＊＊＊＊＊＊＊

單身漢覺得很稀罕，
一直看到天色暗，
忘了買豬肝。

註釋

半月刊：每半個月出版一次的刊物。
希罕：稀奇罕有、珍貴。

一 組字遊戲

1.（竹）＋（干）＝（　）
2.（水）＋（干）＝（　）
3.（肉）＋（干）＝（　）
4.（干）＋（刀）＝（　）
5.（木）＋（干）＝（　）
6.（网）＋（干）＝（　）
7.（山）＋（厂）＋（干）＝（　）

二 文字大會串：從兒歌中找出含有「干」的字，填在適當的（　　）中。

1. 老師靠在欄（　　）上，專心看著一本畫（　　）。
2. 選手（　　）流浹背地划著龍船，（　　）上的觀眾拚命加油。
3. 林大哥是一位撐（　　）跳選手。
4. 黃伯伯患了（　　）病，所以臉色黃黃的不好看。
5. 這顆寶石顏色豔麗，真是（　　）見呀！

動動腦時間

1. 什麼叫做「單身漢」？
2. 單身漢看到什麼稀罕的東西，竟然忘了買豬肝？

15 盲人按摩

小瞎子，眼睛盲，
父母亡，沒人養，
前途渺茫沒希望，
學按摩，技術棒，
工作忙，不妄想，
忘了痛苦和悲傷。

＊＊＊＊＊＊＊＊＊＊＊＊＊＊＊＊＊＊＊＊

小瞎子眼睛雖盲，
心不慌，
只要有志氣，
前途放光芒。

註釋

盲：瞎。
亡：死。
渺茫：遼闊沒有邊際，又模糊不清。
妄想：不可能實現的想法。
光芒：向四方射出的光線。

一 組字遊戲

1. （ ）＋（ ）＝（盲）
2. （ ）＋（ ）＝（忙）
3. （ ）＋（ ）＝（妄）
4. （ ）＋（ ）＝（忘）
5. （ ）＋（ ）＝（芒）
6. （ ）＋（ ）＋（ ）＝（茫）

二 文字大會串：從兒歌中找出含有「亡」的字，填在適當的（　）中。

1. 爸爸一（　）碌起來，常常連飯都（　）了吃。
2. 這位（　）胞的父母已雙（　），生活貧苦，我們要多幫助他。
3. 起霧了，四周一片白（　）（　）的。
4. 錢媽媽整天（　）想著發大財。
5. 天亮了，太陽射出萬道光（　）。

三 動動腦時間

1. 把眼睛閉起來，感受一下看不見的滋味。
2. 你看過哪些身體有缺陷的人，他們有什麼值得效法的精神？

16 阮小弟玩元宵

阮小弟，愛搗蛋，
桌上元宵拿來玩，
左一碗，右一碗，
頑皮模樣真難看。
媽媽家事剛做完，
氣得嘴裡大聲喊，

＊＊＊＊＊＊＊＊＊＊＊＊＊＊＊＊＊＊＊＊

阮小弟，好大膽，
晚餐沒得吃，
看你怎麼辦。

註釋

阮：姓氏。
元宵：一種米製食品，也就是包餡料的湯圓。

一 組字遊戲

王
頁 元 卩
宀

二 文字大會串：從兒歌中找出含有「元」的字，填在適當的（　）中。

1. 因為太吵了，所以（　）老師說的話，我（　）全聽不清楚。
2. 媽媽要我把一（　）硬幣收好，以免被（　）皮的弟弟拿去（　）。

三 動動腦時間

1. 從哪裡可以看出阮小弟很頑皮？
2. 媽媽為什麼要大聲喊？阮小弟受到什麼處罰？

17 白伯伯

白伯伯，住西螺，
年輕時，受壓迫，
到處漂泊過生活，
直到娶老婆，
日子才好過。

＊＊＊＊＊＊＊＊＊＊＊＊＊＊＊＊＊＊＊＊

山坡上，種龍柏，
總共種了九百多，
工作後，很快活，
拿出手帕擦擦汗，
伸伸懶腰拍拍手，
不必害怕再漂泊。

註釋

壓迫：施加壓力，強迫就範。
漂泊：流動不定。
龍柏：植物名。

組字遊戲

白：亻　一　氵　辶

白：木　忄　扌　巾

二 文字大會串：從兒歌中找出含有「白」的字，填在適當的（　）中。

1. 李（　）（　）送我一條（　）色的手（　）。
2. 經過多年的漂（　），江爺爺（　）不及待地想回家鄉看看。
3. 看到這場車禍，媽媽（　）著胸口，直說：「好可（　）！」
4. 公園裡，大約種了一（　）多棵（　）樹。

三 動動腦時間

1. 白伯伯一直到什麼時候生活才逐漸好轉？
2. 你看過四處漂泊的人嗎？看到漂泊的人，你心裡是怎麼想的？

18 老里長

老里長，戴斗笠，
手裡拿著擴音器，
拉開喉嚨報訊息：
各位鄉親請注意，
垃圾分類做徹底，
壞桌椅，爛果粒，

＊＊＊＊＊＊＊＊＊＊＊＊＊＊＊＊＊＊＊＊

千萬不要亂丟棄，
萬一環境受汙染，
大家一定會哭泣。
里民聽畢忙起立，
動手整理家園去。

註釋

斗笠：用竹葉編成，可遮陽光和雨水的寬邊帽子。
哭泣：小聲的哭。

組字遊戲

立

粒　拉　垃　笠　泣　位

二 文字大會串：從兒歌中找出含有「立」的字，填在適當的（　）中。

1. 清潔工戴著斗（　），忙著清理（　）圾。
2. 每個人的座（　）上，都放了七、八（　）葡萄。
3. 小弟弟不停地哭（　），原來是（　）肚子了。

三 動動腦時間

1. 你做過垃圾分類嗎？你覺得做垃圾分類重要嗎？
2. 保護環境對我們有什麼好處？

19

小胖妞

小胖妞，扮小丑，
到紐約，去做秀。
一邊翻跟頭，
一邊滾大球，

＊＊＊＊＊＊＊＊＊＊＊＊＊＊＊＊＊＊＊＊

扭哇扭，
扭哇扭，
掉了三顆小鈕扣，
小胖妞，很害羞，
趕快躲到舞臺後。

註釋

妞：女孩子。
小丑：表演滑稽動作的人。
紐約：都市名，在美國。

組字遊戲

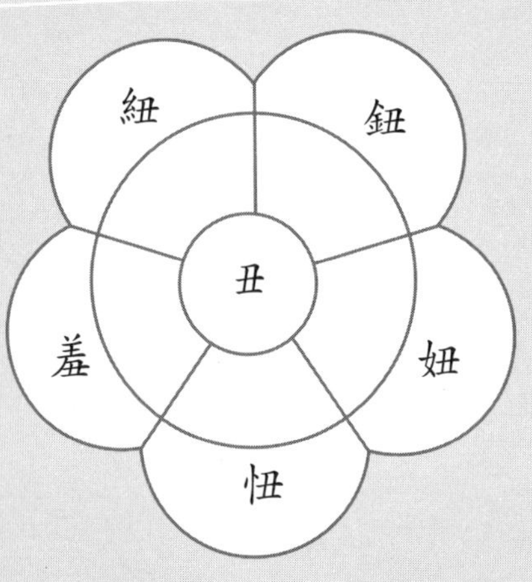

二　文字大會串：從兒歌中找出含有「丑」的字，填在適當的（　）中。

1. 阿姨從美國（　）約回來，送我許多精美的（　）扣。
2. 可愛的小（　）不停（　）動身體，逗得觀眾哈哈大笑。
3. 皮膚黝黑、個性害（　）的表妹，綽號叫做「小黑（　）」。

三　動動腦時間

1. 小胖妞是從事什麼行業？
2. 小胖妞為什麼要躲到舞臺後？

20 阿兵哥

阿兵哥，本姓邱，
愛打乒乓球，
更愛爬山丘，
看到蚯蚓滑溜溜，
兩腳直顫抖。

＊＊＊＊＊＊＊＊＊＊＊＊＊＊＊＊＊＊＊＊

岳父說，你好糗，
看到蚯蚓
怎麼會發抖。

註釋

山丘：山地。
岳父：妻子的爸爸。

組字遊戲

1. （丘）＋（八）＝（　）
2. （丘）＋（邑）＝（　）
3. （丘）＋（丿）＝（　）
4. （丘）＋（丶）＝（　）
5. （虫）＋（丘）＝（　）
6. （丘）＋（山）＝（　）

二 文字大會串：從兒歌中找出含有「丘」的字，填在適當的（　）中。

1. 你讀過（　）飛盡忠報國的故事嗎？
2. （　）叔叔入伍當（　）前，曾是（　）（　）球國手。
3. 這一片（　）陵地很適合種植茶樹。
4. 姊姊一看到（　）蚓，就嚇得花容失色。

三 動動腦時間

1. 「好糗」是什麼意思？你有過最糗的經驗是什麼？
2. 你看過蚯蚓嗎？你知道蚯蚓為什麼老是在鬆土嗎？

21 曾小平賣浮萍

曾小平，撈浮萍，
走過綠草坪，
趕去賣浮萍，
拿起天秤稱浮萍，
偷斤減兩沒良心，
遭受抨擊被批評，

＊＊＊＊＊＊＊＊＊＊＊＊＊＊＊＊＊＊＊＊

怦怦怦，
心兒跳不停，
砰砰砰，
摔壞了天秤。

註釋

浮萍：水生植物名。
草坪：平坦的草地。
天秤：測量較輕物品重量的工具。
抨擊：打擊。
批評：評論判斷是非好壞。
怦：心動的樣子。

組字遊戲

1. （　）＋（平）＝（坪）
2. （　）＋（平）＝（秤）
3. （　）＋（平）＝（抨）
4. （　）＋（平）＝（評）
5. （　）＋（平）＝（怦）
6. （　）＋（平）＝（砰）
7. （　）＋（　）＋（平）＝（萍）

二、文字大會串：從兒歌中找出含有「平」的字，填在適當的（　）中。

1. 我們在（　）坦的草（　）上追逐嬉戲。
2. 雖然我和她只是（　）水相逢，卻讓我感到（　）然心動。
3. （　）的一聲，原來是天（　）掉落在地上。
4. 大年因為隨便批（　）別人，所以遭到大家（　）擊。

三、動動腦時間

1. 曾小平為什麼會被批評？
2. 你覺得「誠信」對生意人來說重要嗎？說出你的看法。

22 侏儒嚇蜘蛛

小侏儒，他姓朱，
相貌長得很特殊。
進當鋪，當珍珠，
拿了錢，買衣褲，
還有樹苗五六株，
遇到一隻大蜘蛛，

＊＊＊＊＊＊＊＊＊＊＊＊＊＊＊＊＊＊＊＊

張牙舞爪真恐怖，
小侏儒，發了怒，
舉起兩隻手，
揮動衣和褲，
嚇走那隻大蜘蛛。

註釋

侏儒：身材短小的人。
特殊：與眾不同的。
株：計算植物的數量名。

組字遊戲

朱
蛛 殊 株 侏 珠

二 文字大會串：從兒歌中找出含有「朱」的字，填在適當的（　）中。

1. （　）小姐戴著一條珍（　）項練。

2. 這隻蜘（　）的外型很特（　），我從來沒見過。

3. 這一（　）（　）的樹苗，是一個（　）儒栽種的。

三 動動腦時間

1. 看到長相特殊的人，我們應該怎麼辦？

2. 你怕蜘蛛嗎？為什麼？

23 丫頭賣紅豆

小丫頭，賣紅豆，
身材很短小，
滿臉青春痘，
一顆一顆像紅豆。

＊＊＊＊＊＊＊＊＊＊＊＊＊＊＊＊＊＊＊＊＊

路人都叫她紅豆，
小丫頭，很難過，
躲在樹後逗小狗。
逗了小狗心情好，
轉身又去賣紅豆。

註釋

青春痘：長在臉上的顆粒狀小瘡。
逗：玩弄、引弄。

一 組字遊戲

1. (豆)＋(頁)＝(　)
2. (矢)＋(豆)＝(　)
3. (疒)＋(豆)＝(　)
4. (豆)＋(辶)＝(　)

二 文字大會串：從兒歌中找出含有「豆」的字，填在適當的（　）中。

1. 這個布偶的（　）很大，手腳很（　），看起來好可愛。
2. 姊姊的臉上長了許多青春（　）。
3. 弟弟一邊喝綠（　）湯，一邊（　）著小狗玩，結果把碗打破了。

三 動動腦時間

1. 小丫頭的長相怎麼樣？
2. 你曾有過被取笑的經驗嗎？你是怎麼調適的？

24

紀貴妃

紀貴妃，很小氣，
人緣不好愛猜忌，
燉了人參雞，
配些紅枸杞，
全部吃進肚子裡，
親戚朋友都忘記。

＊＊＊＊＊＊＊＊＊＊＊＊＊＊＊＊＊＊＊＊

朋友說她太吝嗇，
親戚說她無情義，
一個跑，兩個氣，
三四五個離，
從此貴妃沒人理。

註釋

猜忌：懷疑別人對自己不利，而排斥別人。
枸杞：植物名，可當藥用。

組字遊戲

酉　女　木　心　言　糸　己

二 文字大會串：從兒歌中找出含有「己」的字，填在適當的（　）中。

1. 今天是爸媽的結婚（　）念日，爸爸居然忘（　）了。
2. 燉雞湯時，（　）上一些枸（　），味道會更鮮美。
3. 弟弟因為有所顧（　），所以不敢放手去做。
4. 你聽過楊貴（　）的故事嗎？

三 動動腦時間

1. 你覺得紀貴妃是個怎樣的人？
2. 你認為應該用什麼態度和朋友交往？

25 富翁怕蜈蚣

路旁一棵松，
松下一口鐘，
圍著一群老富翁，
老富翁，真輕鬆，
心情好，齊歌頌。

＊＊＊＊＊＊＊＊＊＊＊＊＊＊＊＊＊＊＊＊

秋風微微送，
爬來一隻大蜈蚣，
老富翁，怕蜈蚣，
嚇得亂哄哄，
壓倒了松，
撞壞了鐘。

註釋

富翁：有錢的人。
歌頌：高聲歌唱。
蜈蚣：節足動物名，有毒。

一 組字遊戲

1. （木）＋（公）＝（　）
2. （公）＋（羽）＝（　）
3. （公）＋（頁）＝（　）
4. （虫）＋（公）＝（　）
5. （髟）＋（木）＋（公）＝（　）

二 文字大會串：從兒歌中找出含有「公」的字，填在適當的（　）中。

1. 我坐在（　）樹下乘涼，忽然出現一隻蜈（　），嚇得我拔腿就跑。
2. 經過多年奮鬥，王老先生終於成為大富（　）。
3. 考完試了，我覺得好輕（　）！
4. 大家齊聲（　）揚劉奶奶救助孤兒的美德。

三 動動腦時間

1. 老富翁圍在樹下做什麼？
2. 老富翁為什麼嚇得亂哄哄？

26

鮑小弟

鮑小弟，剛吃飽，
穿著新棉袍，
吃了一個大肉包，
抱著沖天炮，
跑哇跑，過小橋，
想到廣場放鞭炮。

＊＊＊＊＊＊＊＊＊＊＊＊＊＊＊＊＊＊＊＊

腳底滑，跌一跤，
磨破新棉袍，
弄溼沖天炮，
鮑小弟，很懊惱，
傷心難過哭又叫。

註釋

棉袍：兩層布之間塞棉花製成的長衣。

組字遊戲

魚	扌	火	食	足	衤

包

二

文字大會串：從兒歌中找出含有「包」的字，填在適當的（　）中。

1. 這一餐（　）魚大餐，吃得我好（　）哇！

2. 妹妹（　）著洋娃娃，一溜煙就（　）走了。

3. 弟弟放鞭（　）時，竟然把新棉（　）燒了一個洞。

三

動動腦時間

1. 鮑小弟要到廣場去做什麼？

2. 鮑小弟為什麼要哭又叫？

27 兄弟賣肉粽

洪大龍，洪小龍，
兄弟共同賣肉粽。
客人多
店裡鬧哄哄；
兄弟倆
心裡暖烘烘。

* *

兩人拱著手，
逢人就打躬，
態度恭敬人稱頌，
遇到異鄉人，
家境很貧窮，
免費供他吃肉粽。

註釋

鬧哄哄：熱鬧嘈雜的樣子。
暖烘烘：溫暖的樣子。
拱手：雙手合於胸前，表示敬意。
異鄉：異地、他鄉。

組字遊戲

- 共：洪、烘、恭
- 共：異、拱、供、哄

二 文字大會串：從兒歌中找出含有「共」的字，填在適當的（　）中。

1. 范先生（　）烤了許多麵包，提（　）出來義賣。
2. 「謙（　）有禮」是我們（　）同訂下的班規。
3. （　）水一來，把一座（　）橋沖毀了。
4. 原本鬧（　）（　）的教室，突然變得（　）常安靜。

三 動動腦時間

1. 你覺得洪大龍、洪小龍兄弟倆是怎樣的人？
2. 遇到貧窮的人，你會怎麼做？

28 雅雅和烏鴉

小雅雅，剛長大，
腳穿紅皮鞋，
配上白短襪，
手裡拿著小麥芽，
走到花園想看花。

* *

看到一隻小烏鴉，
張大眼睛看著她，
小雅雅，真驚訝，
咿呀咿呀說著話，
進到屋裡找媽媽。

註釋

驚訝：奇怪、訝異。
咿呀：形容幼兒學說話的聲音。

組字遊戲

1. （牙）＋（　）＝（鴉）
2. （　）＋（牙）＝（穿）
3. （　）＋（牙）＝（芽）
4. （　）＋（牙）＝（呀）
5. （　）＋（牙）＝（訝）
6. （牙）＋（　）＝（雅）

文字大會串：從兒歌中找出含有「牙」的字，填在適當的（　）中。

1. 姊姊（　）著套裝，看起來既文（　）又有氣質。
2. 我抬頭一看，哎（　）！屋頂上怎麼會有一隻鳥（　）？
3. 牆壁的裂縫裡長出一株嫩（　），真令我感到（　）異！

三 動動腦時間

1. 兒歌中小雅雅的穿著打扮是什麼？
2. 想想看，小雅雅找媽媽做什麼？

29

雙胞胎

雙胞胎，真可愛，
治裝之後登舞臺，
唱歌跳舞好精采，
聽說颱風來，
趕快下舞臺，
抬道具，不懈怠，

＊＊＊＊＊＊＊＊＊＊＊＊＊＊＊＊＊＊＊＊

做完工作喘口氣，
怡然自得最自在。

註釋

治裝：整理衣裝。
懈怠：工作懶惰不勤快。
怡然自得：自得其樂的樣子。

一 組字遊戲

1.（　）＋（　）＝（颱）
2.（　）＋（　）＝（治）
3.（　）＋（　）＝（怡）
4.（　）＋（　）＝（抬）
5.（　）＋（　）＝（胎）
6.（　）＋（　）＝（怠）

二 文字大會串：從兒歌中找出含有「台」的字，填在適當的（　）中。

1. 最近（　）安不好，所以警察工作時，絲毫不敢懈（　）。
2. 每到夏秋時節，（　）風常會侵襲臺灣。
3. 阿姨怕動了（　）氣，所以不敢（　）較重的物品。
4. 我們站在山頂，欣賞著山下的美景，真是令人心曠神（　）。

三 動動腦時間

1. 什麼是「雙胞胎」？
2. 颱風是臺灣常見的天災之一，要如何預防並減少損失？說出你的看法。

30 英雄插秧

英雄哥哥

池邊插秧，

滿身泥漿。

映在池上，

泥英雄心慌，

掉進池塘。

＊＊＊＊＊＊＊＊＊＊＊＊＊＊＊＊＊＊＊＊

一對鴛鴦

在池中央，

水花濺起

跟著遭殃，

溼了羽毛，

直拍翅膀。

註釋

映：反射。

鴛鴦：鳥名。

遭殃：受到災禍。

組字遊戲

央

日 艹 鳥 禾 歹

二 文字大會串：從兒歌中找出含有「央」的字，填在適當的（　）中。

1. 一對鴛（　）在池塘中（　）優游著。
2. 表姐利用暑假到（　）國遊學。
3. 春天一到，農人們開始忙著插（　）。
4. 山的倒影（　）在湖面上，好美呀！
5. 一間民宅失火，使鄰居也遭到池魚之（　），真是不幸！

三 動動腦時間

1. 英雄哥哥為什麼會掉進池塘？
2. 在這首兒歌裡，誰最倒楣？

31 安琪發脾氣

小安琪，愛下棋。
基礎不好被人欺，
小安琪，很生氣，
玩畚箕，玩錦旗，
不說不笑一星期。

＊＊＊＊＊＊＊＊＊＊＊＊＊＊＊＊＊＊＊

小安琪，愛賭氣。
除了爹地和媽咪，
其餘的人都不理。

註釋

基礎：事物的根本。
畚箕：竹子編成的盛土用具。

組字遊戲

1.（王）＋（其）＝（　）
2.（木）＋（其）＝（　）
3.（其）＋（土）＝（　）
4.（其）＋（欠）＝（　）
5.（竹）＋（其）＝（　）
6.（其）＋（月）＝（　）
7.（方）＋（𠂉）＋（其）＝（　）

二　文字大會串：從兒歌中找出含有「其」的字，填在適當的（　）中。

1. 要成為圍（　）高手，得先把（　）礎打好。
2. 我們學校一星（　）只舉行三次升（　）典禮。
3. 這一個畚（　）留著用，（　）他的請放到倉庫裡。
4. 你知道「安（　）兒」的意思就是小天使嗎？
5. 以大（　）小是很可恥的行為。

三　動動腦時間

1. 小安琪為了什麼事生氣？
2. 如果你生氣了，你會用什麼方法讓自己不生氣？

32

弟弟學打靶

小弟弟，愛玩耍，
學爸爸，去打靶，
小弟弟，很肥胖，
趴在地上爬，
鑽過竹籬笆，
撞倒芭蕉，

* *

碰到釘耙，
傷了下巴，
留下一個疤，
鼻涕一把淚一把。

註釋

打靶：用真槍實彈練習射擊。

釘耙：有齒可整理土地的農具。

疤：傷口痊癒後留下的痕跡。

一 組字遊戲

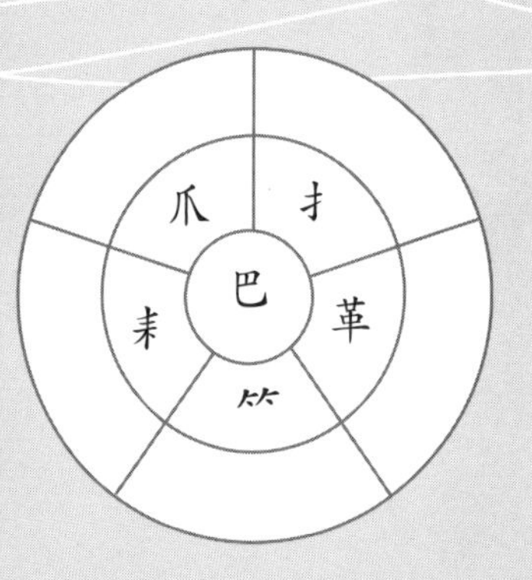

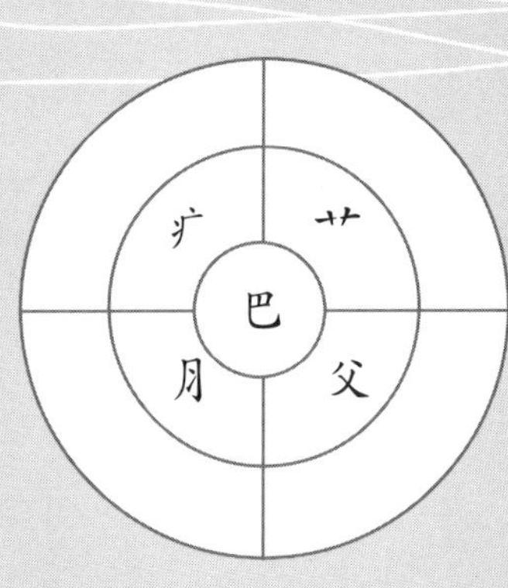

文字大會串：從兒歌中找出含有「巴」的字，填在適當的（　）中。

1. 籬（　）旁，種了幾棵（　）蕉樹。
2. 弟弟的下（　）受傷了，留下一道很長的（　）痕。
3. 請你（　）這支釘（　）收進倉庫裡。
4. 志華的（　）（　）身材（　）胖，跌倒後，竟然（　）不起來。
5. 警察要常常練習打（　），槍法才會準確。

動動腦時間

1. 小弟弟為什麼會一把鼻涕一把淚？
2. 如果你像小弟弟一樣受了傷？你會怎麼處理呢？

33 方小芳減肥

方小芳，身體胖，
全身上下是脂肪，
開了一家健身房，
運動器材放兩旁，
擔心小偷闖空門，
裝上鐵窗來預防。

* * * * * * * * * * * * * * * * * * * *

每天按時做運動，
身體變得很強壯，
許多胖子想模仿，
紛紛登門來造訪，
方小芳，樂洋洋，
希望大家都健康。

註釋

脂肪：動植物體內的油質。
造訪：前來拜訪。
模仿：效法學習。

一 組字遊戲

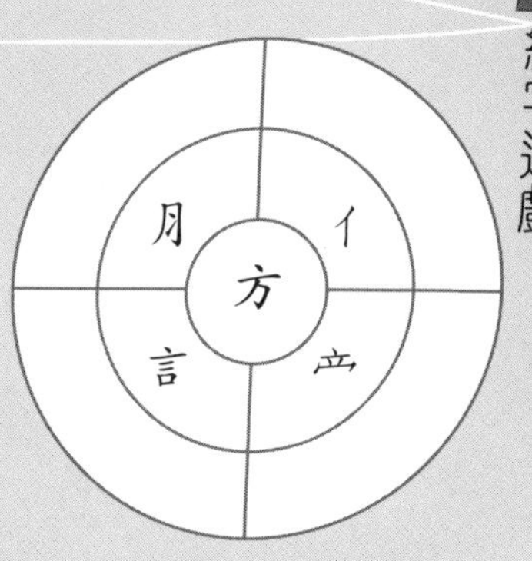

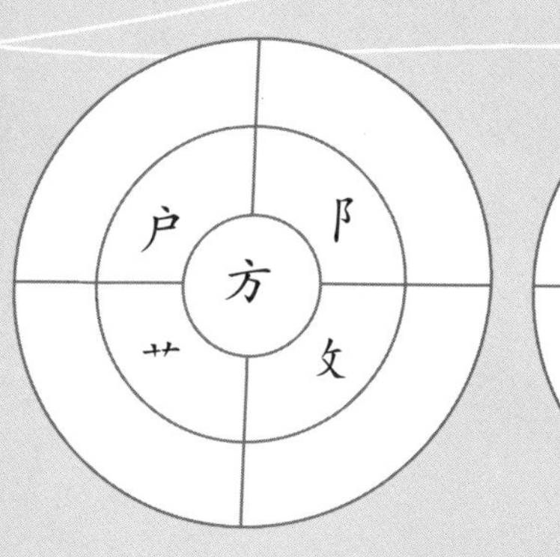

二 文字大會串：從兒歌中找出含有「方」的字，填在適當的（　）中。

1. 舅舅在公園（　）邊買了一棟新（　）子。
2. 這束芬（　）的玫瑰花，（　）在哪裡比較好呢？
3. 我們去拜（　）杜老師，向他請教減少脂（　）量的問題。
4. 過馬路時，要看清左右（　）向有無來車，才能預（　）車禍發生。
5. 哥哥擅長模（　）動物的叫聲。

動動腦時間

1. 方小芳開健身房的目的是什麼？
2. 想想看，身體太胖有什麼缺點？

34 牧童買油

小牧童，騎著牛，
趕到市集去賣柚，
太陽大，汗直流，
兩支袖子全溼透，
賣了柚，買了油，
牧童心裡樂悠悠，
抽出笛子忙吹奏。

註釋

柚：水果名。
笛子：樂器名。

組字遊戲

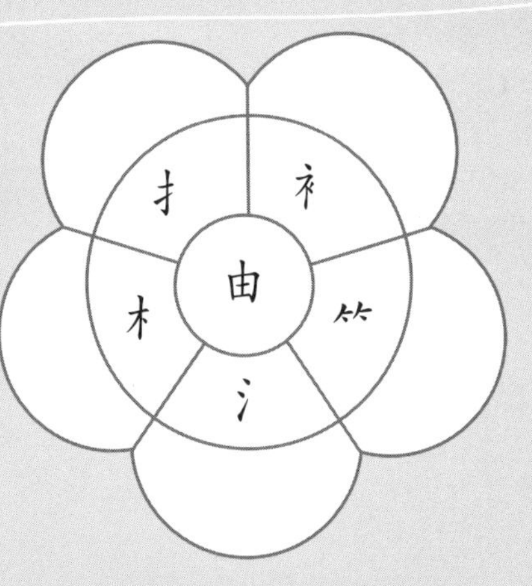

二 文字大會串：從兒歌中找出含有「由」的字，填在適當的（　）中。

1. 哥哥的（　）子裡，藏了一支（　）子。
2. 摸彩時，媽媽（　）中了一瓶沙拉（　）。
3. 中秋節快到了，（　）子開始上市了。

三 動動腦時間

1. 小牧童的袖子為什麼會溼透？
2. 牧童心裡為什麼會樂悠悠？

35

李爺爺開農場

李爺爺，很慈祥，
做事詳細有主張。
開農場，養山羊，
烤羊肉，味道香，
免費鮮奶請人嘗。

＊＊＊＊＊＊＊＊＊＊＊＊＊＊＊＊＊＊＊＊

太陽下了山，
店裡打了烊，
李爺爺，拿把扇，
院中坐，觀星忙，
徜徉山谷樂洋洋。

註釋

慈祥：和善。
打烊：商店關門休息。
徜徉：悠閒的走動。
樂洋洋：很快樂的樣子。

組字遊戲

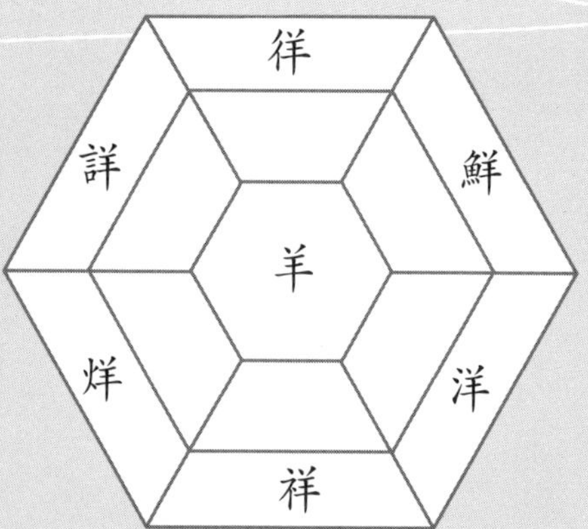

二 文字大會串：從兒歌中找出含有「羊」的字，填在適當的（　）中。

1. 這座農場生產的（　）奶很新（　），放心喝吧！
2. 每當店裡打（　）後，何老闆就要（　）細地整理帳目。
3. 每到假日，我喜歡去踏青，徜（　）在青山綠水間。
4. 慈（　）的簡爺爺是鄰居心目中的大好人。
5. 臺灣的四周都是海（　），是個標準的島國。

三 動動腦時間

1. 李爺爺從事什麼行業？
2. 李爺爺為什麼會樂洋洋？

36

打漁郎

打漁郎，意氣揚，
跨過水坑到漁港，
揚起帆兒去蘇杭。
船兒剛出航，
遇到大風浪，
打漁郎，不慌張，

＊＊＊＊＊＊＊＊＊＊＊＊＊＊＊＊＊＊＊＊＊

一邊引吭高聲唱，
一邊抵抗大風浪。
雖然風狂浪又高，
打漁郎，很堅強，
滿載而歸，
平安返航。

註釋

蘇杭：蘇州和杭州，在中國大陸。
引吭：放開喉嚨。

組字遊戲

亢
航
坑
抗
杭
吭

二 文字大會串：從兒歌中找出含有「亢」的字，填在適當的（　　）中。

1. 弟弟跌進水（　　）裡，全身變得溼淋淋的。
2. 舅舅搭乘（　　）空班機，從（　　）州經香港回臺灣。
3. 大家一起引（　　）高歌，歌聲響徹雲霄。
4. 雖然搶匪一再頑強抵（　　），最後還是束手就擒。

三 動動腦時間

1. 想想看，打漁郎出海做什麼事？
2. 打漁郎遇到風浪的反應是什麼？你認為他是怎樣的人？

37 趙王爺娶媳婦

新年到，貼桃符，
趙王府，娶媳婦，
附近親友來祝福。
趙王爺，挺著肚，
拊著手掌忙招呼，
新駙馬，真迷糊，

＊＊＊＊＊＊＊＊＊＊＊＊＊＊＊＊＊＊＊＊

吩咐屠夫殺隻豬，
殺豬工錢忘了付，
老屠夫，心不服，
不肯把肉送進府。

組字遊戲

付

口　广　馬　⺮　扌　阝

註釋

桃符：春聯。
拊：拍、擊。
駙馬：古代公主的丈夫。

二　文字大會串：從兒歌中找出含有「付」的字，填在適當的（　）中。

1. 我家就住在市政（　）的（　）近。
2. 聽完「包公斬（　）馬」的故事後，大家都（　）掌叫好。
3. 老師吩（　）我們要把注音（　）號寫整齊。
4. 媽媽買了一件衣服，（　）給老闆五百元。

三　動動腦時間

1. 屠夫為什麼不肯把肉送進府？
2. 請用四格漫畫將兒歌中描述的故事畫出來。

38 老婆婆撿玻璃

老婆婆，背竹籮，
爬呀爬呀上山坡，
採菠菜，拔蘿蔔，
踩到一塊碎玻璃，
兩隻腳底被刺破。

＊＊＊＊＊＊＊＊＊＊＊＊＊＊＊＊＊＊＊＊＊

老婆婆，地上坐，
撿起碎玻璃，
丟進竹籮裡，
一跛一跛下山坡。

註釋

跛：腳受傷了，走路姿勢不端正。

一 組字遊戲

1. （土）＋（皮）＝（　）
2. （王）＋（皮）＝（　）
3. （衣）＋（皮）＝（　）
4. （石）＋（皮）＝（　）
5. （足）＋（皮）＝（　）
6. （水）＋（皮）＋（女）＝（　）
7. （艸）＋（水）＋（皮）＝（　）

二 文字大會串：從兒歌中找出含有「皮」的字，填在適當的（　）中。

1. 這位賣（　）菜的老（　）（　），就住在我家隔壁。
2. 爬上山（　）之後，我看到了美麗的風景。
3. （　）璃刺（　）了我的腳，所以走起路來一（　）一（　）的。
4. 媽媽買了一條新棉（　）給我。

三 動動腦時間

1. 想想看，刺傷老婆婆的玻璃可能是從哪裡來的？
2. 老婆婆撿玻璃的目的是什麼？

39 林爸爸

林爸爸，愛自誇，
說他騎車技術頂呱呱，
獨自跨上老鐵馬，
看來好像很瀟灑。
老鐵馬，不耐壓，
嘩啦一聲被壓垮，

＊＊＊＊＊＊＊＊＊＊＊＊＊＊＊＊＊＊＊＊

林爸爸
胯下痛得像針扎，
躺著大叫我的媽。

一 組字遊戲

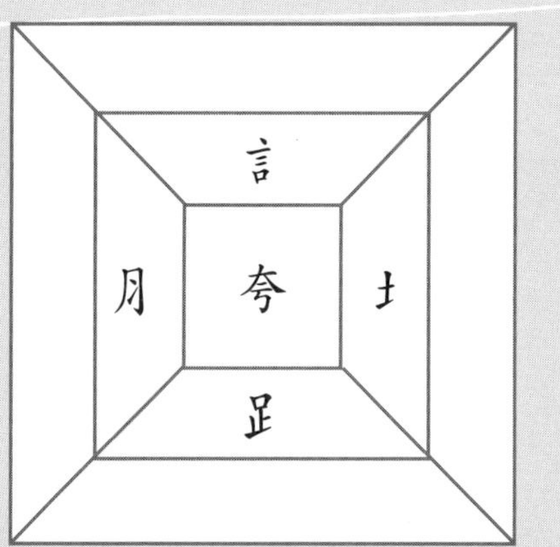

註釋

自誇：自己炫耀自己。
壓垮：受到重壓而倒塌。
胯下：兩腿的中間。

二　文字大會串：從兒歌中找出含有「夸」的字，填在適當的（　　）中。

1. 黃叔叔（　　）過水溝時，不小心跌倒，使得（　　）下受了傷。
2. 地震一來，許多房屋都被震（　　）了。
3. 喜歡自（　　）的人，總有一天會被識破。

三　動動腦時間

1. 林爸爸是一個怎樣的人？
2. 老鐵馬被壓垮的原因可能有哪些？

40 笨賊偷蓓蕾

蝴蝶蘭，難栽培，
花期到，結蓓蕾，
一個一個好珍貴。
小笨賊，偷蓓蕾，
剖開內部看花蕊，
主人瞧見要他賠，
價錢提高好幾倍。

＊＊＊＊＊＊＊＊＊＊＊＊＊＊＊＊＊＊＊＊

小笨賊，眼淚垂，
父母陪他去懺悔，
懇求菩薩饒他罪。

註釋

栽培：種植草木。
蓓蕾：含苞待放的花。
剖開：切開。
菩薩：屬於神佛之一。

一 組字遊戲

1. （　）＋（　）＝（培）
2. （　）＋（　）＝（剖）
3. （　）＋（　）＝（陪）
4. （　）＋（　）＝（賠）
5. （　）＋（　）＝（倍）
6. （　）＋（　）＝（菩）
7. （　）＋（　）＝（部）
8. （　）＋（　）＋（　）＝（蓓）

二 文字大會串：從兒歌中找出含有「音」的字，填在適當的（　）中。

1. 我（　）媽媽到廟裡向（　）薩許願。
2. 這支手機比一般的貴了好幾（　），要是摔壞了，你（　）得起嗎？
3. 經過爺爺苦心的栽（　），這些蘭花終於結出了（　）蕾。
4. 姊姊說她今天上解（　）課，觀察青蛙腹（　）的器官。

三 動動腦時間

1. 小笨賊偷了蓓蕾要做什麼？
2. 你覺得菩薩會不會饒恕小笨賊的罪？為什麼？

41 小珍珍生病

小珍珍，起紅疹，
吃不下，睡不穩，
媽媽帶她去看診。
小珍珍，怕打針，
趁著醫生不注意，
邁開腳步往外奔，

＊＊＊＊＊＊＊＊＊＊＊＊＊＊＊＊＊＊＊＊

醫生說：快回來，
不然我就打兩針。
小珍珍心頭一震，
乖乖進門來就診。

註釋

起疹：皮膚起的小紅點。
看診：醫生替人診斷病情。
趁著：利用機會。

一 組字遊戲

1. （　）＋（　）＝（珍）
2. （　）＋（　）＝（疹）
3. （　）＋（　）＝（趁）
4. （　）＋（　）＝（診）

二 文字大會串：從兒歌中找出含有「彡」的字，填在適當的（　）中。

1. 我的身上起了許多（　）子，媽媽帶我去（　）所治療。
2. 送你一顆小貝殼，希望你（　）惜它。
3. （　）著老師不在，趕快把賀卡放在她桌上。

三 動動腦時間

1. 小珍珍為什麼要往外奔？
2. 生病時應該怎麼處理？

42

小樵上學

張小樵，住荒郊，
帶著煎餃上學校，
大口大口拚命咬，
消化不良真糟糕。
肚子絞痛受不了，
老師帶他去治療，

＊＊＊＊＊＊＊＊＊＊＊＊＊＊＊＊＊＊＊＊

醫生開了藥，
吃了很有效。
張小樵，才知道，
細嚼慢嚥比較好。

註釋

荒郊：偏僻荒涼的地方。
絞痛：很痛。

組字遊戲

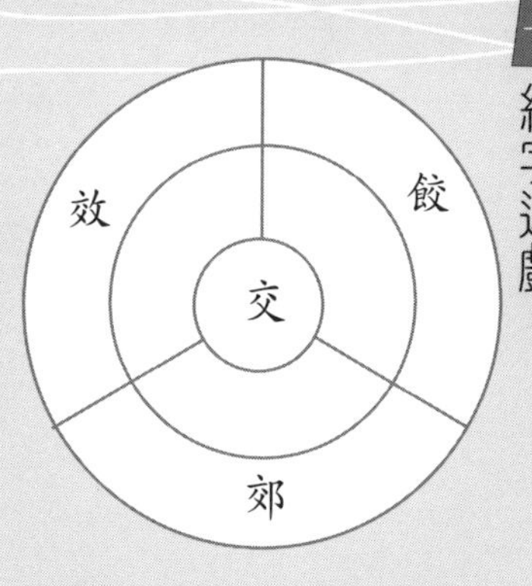

二　文字大會串：從兒歌中找出含有「交」的字，填在適當的（　）中。

1. 今天學（　）舉辦（　）遊，同學們都很興奮。
2. 我（　）了一口水（　），發現不太新鮮。
3. 肚子（　）痛時，要去看醫生，不要亂吃特（　）藥。
4. 柏君向我挑戰下象棋，（　）量個高下。

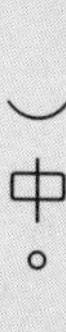

三　動動腦時間

1. 張小樵為什麼會肚子痛？
2. 你有沒有肚子痛的經驗？是怎麼處理的？

43 姑娘等情郎

鄭姑娘，真漂亮，
個性爽朗人善良，
撐著傘，到漁港，
等待情郎回家鄉，
順便欣賞海波浪。

＊＊＊＊＊＊＊＊＊＊＊＊＊＊＊＊＊＊＊＊

岸邊跑來大狼狗，
張開大嘴向她望，
姑娘心裡發了慌，
邁開腳步奔得狂，
回去家中等情郎。

註釋

爽朗：性情率直。
情郎：女子稱呼男性情人。

組字遊戲

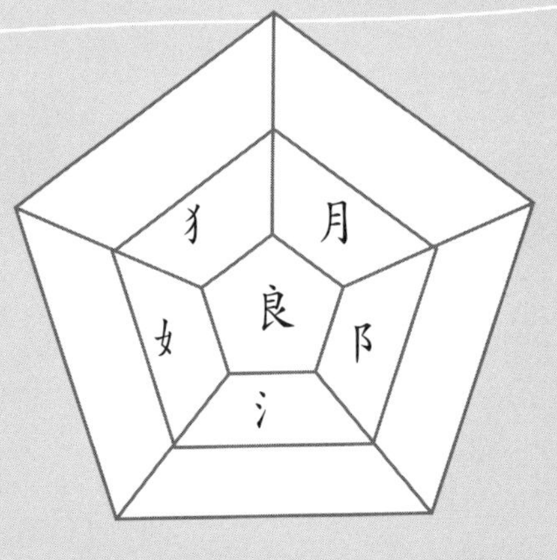

文字大會串：從兒歌中找出含有「良」的字，填在適當的（　）中。

1. 結婚典禮開始了，新（　）牽著新（　）步入禮堂。
2. 今天天氣晴（　），海面風（　）很小，非常適合出海賞鯨。
3. 你竟然把（　）狗放出來咬人，到底有沒有（　）心呀？

三 動動腦時間

1. 鄭姑娘到海邊做什麼？
2. 鄭姑娘為什麼心裡會發慌？

44

馮小弟吃豆花

馮小弟，玩砝碼，
玩了砝碼吃豆花，
豆花渣，地上撒，
引來螞蟻到處爬。
馮小弟，心裡毛，
害怕媽媽大聲嚷，

＊＊＊＊＊＊＊＊＊＊＊＊＊＊＊＊＊＊＊＊

馬上想個好辦法，
畫個瑪瑙送媽媽，
拜託媽媽別罵他。

組字遊戲

馬
冫 王 石 女 虫 罒

註釋

砝碼：天平上計算重量的工具。
瑪瑙：美麗的玉石。

二、文字大會串：從兒歌中找出含有「馬」的字，填在適當的（　）中。

1. 聽說（　）老師騎（　）的技術很好。
2. （　）（　）看到廚房有一大群（　）蟻，臉色都變了。
3. 你隨便把奶奶的（　）瑙拿來玩，小心挨（　）！
4. （　）頭上，許多工人在搬貨物。

三、動動腦時間

1. 螞蟻為什麼會到處爬？
2. 馮小弟為什麼怕媽媽罵他？

45 孫小毛

孫小毛，種芍藥，
拿木杓，把水澆，
每個細節要斟酌，
芍藥才會長得好，
澆完水，很逍遙，
約朋友，看海釣，

＊＊＊＊＊＊＊＊＊＊＊＊＊＊＊＊＊＊＊＊

看到一隻小海豹，
陽光灼熱像火燒，
小海豹，受不了，
跳進海中泡一泡，
海豹樂得一直叫。

註釋

芍藥：植物名，可當藥。
木杓：木製的取水器具。
斟酌：考慮可行性再做取捨。
海釣：到海邊或搭船出海釣魚。
灼熱：像火燒一樣熱。

組字遊戲

1. （　）＋（勺）＝（芍）
2. （　）＋（勺）＝（杓）
3. （　）＋（勺）＝（酌）
4. （　）＋（勺）＝（約）
5. （　）＋（勺）＝（釣）
6. （　）＋（勺）＝（豹）
7. （　）＋（勺）＝（灼）

二 文字大會串：從兒歌中找出含有「勹」的字，填在適當的（　）中。

1. 許阿姨（　）我們去水上樂園欣賞海（　）表演。
2. 雖然陽光（　）熱，可是海邊還是擠滿了（　）魚的人潮。
3. 爺爺希望（　）藥能長得好，所以每天拿木（　）澆水。
4. 經過一番斟（　），我決定去學英文。

三 動動腦時間

1. 想想看，栽種植物時，要注意哪些事？
2. 你看過海豹嗎？你能夠把海豹的樣子畫出來嗎？

46 巨無霸種萵苣

巨無霸，有志氣，
出外闖天地，
距離家鄉數百里，
父母教他守規矩，
投機行為要婉拒。

＊＊＊＊＊＊＊＊＊＊＊＊＊＊＊＊＊＊＊＊

點火炬，挖溝渠，
巨無霸，工作勤，
闢田地，種萵苣，
工作很艱鉅，
絲毫不放棄。

註釋

巨無霸：形容身材高大的人。
婉拒：婉轉的拒絕。
火炬：火把。
溝渠：通水的小水道。
萵苣：植物名，可食用。
艱鉅：非常困難。

組字遊戲

1.（　）＋（　）＝（距）
2.（　）＋（　）＝（矩）
3.（　）＋（　）＝（拒）
4.（　）＋（　）＝（炬）
5.（　）＋（　）＝（苣）
6.（　）＋（　）＝（鉅）
7.（　）＋（　）＋（　）＝（渠）

二、文字大會串：從兒歌中找出含有「巨」的字，填在適當的（　　）中。

1. 要把這些（　　）石搬開，工程實在太艱（　　）了。

2. 種萵（　　）的農夫為了引水灌溉，挖了一條很長的溝（　　）。

3. 露營時，我們要求點火（　　）去夜遊，卻遭到老師的（　　）絕。

4. 雖然相（　　）遙遠，可是我們都很守規（　　），不讓爸爸擔心。

三、動動腦時間

1. 巨無霸離開家鄉做什麼？

2. 遇到難做的事，你會怎麼處理？

47 姚大叔賣楊桃

姚大叔，賣楊桃，
挑著擔子路邊叫，
左邊瞧，右邊眺，
聽到警察吹口哨。
姚大叔，趕快逃，
跳過大水溝，

* * * * * * * * * * * * * * * * * * * *

摔了一大跤，
楊桃全部摔爛了。
姚大叔，不死心，
撈起溝裡的楊桃，
一個一個仔細挑。

註釋

眺：向遠處看。

組字遊戲

兆

木 辶 扌 ⻊ 女 目

文字大會串：從兒歌中找出含有「兆」的字，填在適當的（　）中。

1.（　）伯伯在山上種了許多水蜜（　）。

2. 弟弟（　）選了幾件玩具，高興得又叫又（　）。

3. 哥哥不斷地（　）望遠處，不知在看什麼。

4. 老鼠一看到貓，立刻嚇得（　）跑了。

動動腦時間

1. 為什麼姚大叔看到警察就逃？

2. 你怕不怕警察？為什麼？

48

小偷坐牢

皓月空中照，
小偷下地窖，
牆邊靠，仔細瞧，
發現美酒在釀造，
心中酷愛受不了，
偷了兩瓶懷中抱，

＊＊＊＊＊＊＊＊＊＊＊＊＊＊＊＊＊＊＊＊＊

被抓到，挨了告，
法官看了頭直搖，
要判小偷去坐牢。

一 組字遊戲

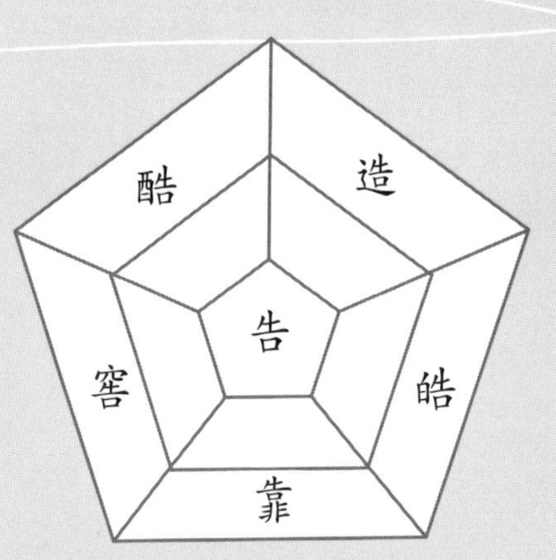

註釋

皓月：明亮的月亮。
地窖：地下室。
釀造：利用醱酵製造。
酷愛：非常喜愛。

文字大會串：從兒歌中找出含有「告」的字，填在適當的（　）中。

1. 我（　）在窗邊，看著空中的（　）月。
2. 歹徒在地（　）裡製（　）槍械，卻被警察逮捕了。
3. 我想（　）訴姊姊一個祕密，看到她那冷（　）的表情，卻又說不出來。

三

動動腦時間

1. 法官為什麼判小偷去坐牢？
2. 當小偷的行為如何？

49 老和尚與小和尚

山中有座少林寺，
一位老僧當住持，
老和尚，腳不適，
等待徒弟來服侍。
小和尚，太自恃，
熬煮湯藥不準時，

＊＊＊＊＊＊＊＊＊＊＊＊＊＊＊＊＊＊＊＊

老和尚
特地找來筆一枝，
小和尚
被罰抄寫千家詩。

註釋

住持：在廟裡主持事務的神職人員。
服侍：照顧、看護。
自恃：自以為很有本事。

一 組字遊戲

寺：時、等、持、侍

寺：詩、特、恃、待

二 文字大會串：從兒歌中找出含有「寺」的字，填在適當的（　）中。

1. 為了獎勵我，爸爸（　）地買了一本「唐（　）三百首」給我。
2. 郭大華有（　）無恐，（　）常欺負別人。
3. 這座（　）廟的住（　），是一位得道高僧。
4. 周奶奶行動不便，每天（　）著女兒回來服（　）她。
5. 歐伯伯（　）人親切，所以大家都喜歡接近他。

三 動動腦時間

1. 對待長輩要有怎樣的態度？
2. 小和尚應不應該被罰抄寫千家詩？為什麼？

50

吳名俠

吳名俠，住三峽，
房子建在山腳下，
屋內狹窄擠不下，
生活很貧困，
三餐吃豆莢，
拿筷子，夾豆莢，

＊＊＊＊＊＊＊＊＊＊＊＊＊＊＊＊＊＊＊＊＊

夾得手發麻，
汗水滿臉頰，
氣得乾脆用手抓。

一 組字遊戲

夾
艹　山　頁　犭　亻

註釋

三峽：地名，在臺北縣。
狹窄：不寬廣。
豆莢：豆類的果實。
臉頰：臉的兩旁。

二 文字大會串：從兒歌中找出含有「夾」的字，填在適當的（　）中。

1. 奶奶在太陽下採收豆（　），臉（　）上都是汗水。
2. 大陸的長江三（　），其中有一段江面（　）窄，陡壁峭立，十分壯觀。
3. 弟弟在紙上畫了一個（　）客，手上拿著一支鐵（　）。

三 動動腦時間

1. 吳名俠過著怎樣的生活？
2. 遇到貧窮的人，你會怎樣幫助他？

51 白鵝和飛蛾

月光光，照小河，
小河變得好柔和。
大白鵝，愛唱歌，
開口唱著哦哦哦，
小飛蛾，口很渴，
找到露水拚命喝。

＊＊＊＊＊＊＊＊＊＊＊＊＊＊＊＊＊＊＊＊

白鵝追飛蛾，
飛蛾躲白鵝，
嫦娥看了笑呵呵。

一 組字遊戲

	鵝	
娥	我	哦
	蛾	

註釋

哦：形容鵝的叫聲。
飛蛾：夜裡出現像蝴蝶的昆蟲。

二 文字大會串：從兒歌中找出含有「我」的字，填在適當的（　）中。

1. 看到主人來了，一群白（　）就（　）（　）地叫了起來。
2. 你喜歡聽「嫦（　）奔月」的故事嗎？
3. 「飛（　）撲火」是一件自找麻煩的事。

三 動動腦時間

1. 「飛蛾撲火」是什麼意思？請你查一查資料。
2. 你知道飛蛾長什麼樣子嗎？飛蛾是昆蟲嗎？說出你的理由。

52 妹妹踩青菜

小妹妹，心花開，
頭髮結綵帶，
手上拿水彩，
來到園裡畫青菜，
左邊踩，右邊踩，
踩爛一堆小白菜，

＊＊＊＊＊＊＊＊＊＊＊＊＊＊＊＊＊＊＊＊

奶奶說，你真壞，
小白菜，很可愛，
只能採，不能踩，
交代小妹快離開，
可是小妹不理睬。

註釋

綵帶：彩色的絲織長帶。
理睬：對別人的言行表示關心。

組字遊戲

1. （糸）＋（采）＝（ ）
2. （采）＋（彡）＝（ ）
3. （足）＋（采）＝（ ）
4. （艸）＋（采）＝（ ）
5. （手）＋（采）＝（ ）
6. （目）＋（采）＝（ ）

二、文字大會串：從兒歌中找出含有「采」的字，填在適當的（　）中。

1. 我不小心（　）了妹妹的腳，她氣得對我不理不（　）。
2. 我用水（　）畫了一棵花椰（　）。
3. 這個意見雖然很好，卻沒被（　）納。
4. 快餐店開張了，門上掛了兩顆大（　）球。

三、動動腦時間

1. 為什麼奶奶說「小白菜，很可愛」？
2. 你覺得妹妹不理奶奶是不是好行為？為什麼？

53 大偉帶軍隊

陳大偉，當上尉，
戴鋼盔，帶軍隊，
國家領土要保衛。
陳大偉，求表現，
帶著軍隊窮指揮，
好表現，亂指揮，

* * * * * * * * * * * * * * * * * * * *

長官命令都違背，
來到河邊被包圍，
陳大偉，很後悔，
蘆葦叢中流眼淚。

註釋

違背：違反。
蘆葦：植物名，生在淺水中。

一 組字遊戲

韋
亻
口
行
艹
辶

二 文字大會串：從兒歌中找出含有「韋」的字，填在適當的（　）中。

1. 軍人要保（　）國土，維護國家安全，真是（　）大呀！
2. 葉叔叔（　）反交通規則，被開了一張罰單。
3. 同學們（　）在一起，討論有關旅行的事。
4. 媽媽插了一盆花，其中有兩支蘆（　）。

三 動動腦時間

1. 陳大偉為什麼躲在蘆葦叢中流眼淚？
2. 陸海空三種軍人，你喜歡當哪一種？為什麼？

54 趙姑娘煮元宵

元宵夜，真熱鬧，
鞭炮響聲入雲霄，
趙姑娘，長得俏，
煮元宵，技術好，
邀請鄰居吃個飽，
聽到消息大家笑。

＊＊＊＊＊＊＊＊＊＊＊＊＊＊＊＊＊＊＊＊

月上柳樹梢，
四周靜悄悄，
鄰居回家去睡覺，
趙姑娘，哈哈笑，
心情輕鬆又逍遙。

註釋

雲霄：很高的天空。
俏：姿態輕盈優美。
樹梢：樹的末端。
靜悄悄：安靜無聲的樣子。
逍遙：自由自在，不受拘束。

組字遊戲

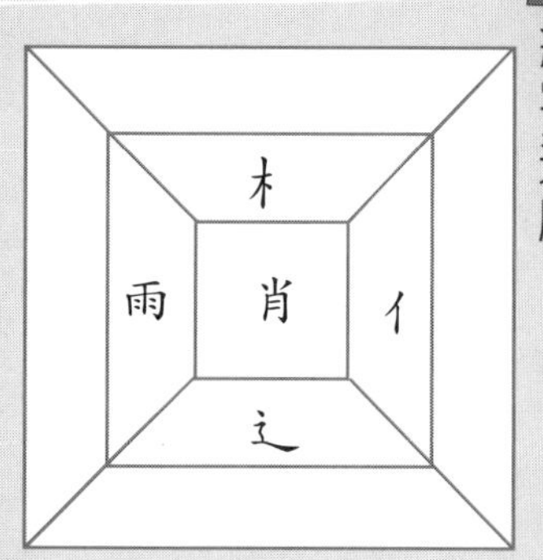

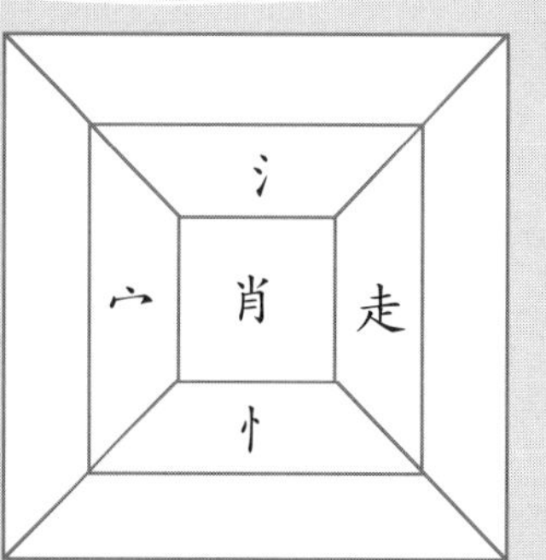

二 文字大會串：從兒歌中找出含有「肖」的字，填在適當的（　）中。

1. （　）阿姨打扮得非常（　）麗。
2. 一到傍晚，暑氣全（　），大家圍在一起聊天，真是（　）遙！
3. 月亮已經爬上樹（　），大地一片靜（　）（　），沒有任何聲音。
4. 元（　）節晚上，爆竹聲響徹雲（　）。

三 動動腦時間

1. 元宵節是什麼時候？那天大家都做些什麼活動？
2. 元宵節是俗稱的「上元節」，那「中元節」、「下元節」是什麼時候？

55

錢老闆

錢老闆，住花蓮，
少年時代很貧賤，
右手殘障不方便，
長大後，開商店，
賣糖賣鹽賣蜜餞。

* * * * * * * * * * * * * * * * * * * *

到了假日關了店，
帶著兒子到河邊，
河邊水很淺，
戲水很安全，
用力踐踏水花濺，
父子開心笑連連。

註釋

貧賤：窮苦地位不高。
殘障：身體有缺陷。
踐踏：用腳踩踏。
濺：水向四方飛射。

一 組字遊戲

1. （　）＋（戔）＝（錢）
2. （　）＋（戔）＝（餞）
3. （　）＋（戔）＝（賤）
4. （　）＋（戔）＝（殘）
5. （　）＋（戔）＝（淺）
6. （　）＋（戔）＝（踐）
7. （　）＋（　）＋（戔）＝（濺）

二 文字大會串：從兒歌中找出含有「戔」的字，填在適當的（　）中。

1. 這些蜜（　）一共要多少（　）？
2. 這位（　）障同胞雖然出身卑（　），卻有著樂觀進取的精神。
3. 路面上有積水，用力（　）踏，就（　）起了水花。
4. 這本書內容（　）顯易懂，值得一讀。

三 動動腦時間

1. 兒歌中描述的錢老闆，是個怎樣的人？
2. 說說看，錢老闆有哪些值得讚揚的地方？

56 鍾小弟和董小妹

鍾小弟，很好動，
跑來跑去像條龍；
董小妹，很穩重，
喜歡種草種芙蓉。
兩人約好去游泳，
鍾小弟，快速衝，
膝蓋跌得紅又腫，
董小妹，很體貼，
趕緊問他痛不痛。

註釋

穩重：莊重、不輕浮。
紅腫：皮膚發紅浮脹。

一 組字遊戲

1.（ ）＋（重）＝（鍾）
2.（重）＋（ ）＝（動）
3.（ ）＋（重）＝（衝）
4.（ ）＋（重）＝（董）
5.（ ）＋（重）＝（種）
6.（ ）＋（重）＝（腫）

二 文字大會串：從兒歌中找出含有「重」的字，填在適當的（　）中。

1. 弟弟（　）得太快，撞到別人，臉都（　）了起來。
2. 爺爺對（　）蘭花是情有獨（　）。
3. 這家公司的（　）事長下班後，常到公園裡運（　）。
4. 老師教的「（　）量單位的換算」，你學會了嗎？

三 動動腦時間

1. 你喜歡鍾小弟還是董小妹？為什麼？
2. 鍾小弟的膝蓋為什麼會又紅又腫？

57 姊姊抓蝴蝶

桌上一個碟，
碟旁一片葉，
葉上有隻花蝴蝶。
大姊姊，抓蝴蝶，
推了那個碟，
動了那片葉，

＊＊＊＊＊＊＊＊＊＊＊＊＊＊＊＊＊＊＊＊

嚇走花蝴蝶，
弄破那個碟。
驚動老爺爺，
老爺爺，張開嘴，
喋喋不休說姊姊。

註釋

碟：盛食物的小盤子。

喋喋不休：話很多的樣子。

組字遊戲

	石	
艹	枼	口
	虫	

二 文字大會串：從兒歌中找出含有「枼」的字，填在適當的（　）中。

1.（　）太太總是（　）（　）不休，鄰居見了她就躲開。

2.這個（　）子是誰打破的？

3.花園裡，許多蝴（　）飛舞著。

三 動動腦時間

1.姊姊有沒有抓到蝴蝶？你是怎麼知道的？

2.老爺爺是被什麼驚動的？

58 將軍賣豆漿

蔣將軍，去打仗，
立下功勞領獎章，
脫了軍服退了伍，
學做生意上市場。
撐著篙，划著槳，
划船到對岸，

＊＊＊＊＊＊＊＊＊＊＊＊＊＊＊＊＊＊＊＊

賣豆醬，賣豆漿，
一不小心，
灑了豆醬，
倒了豆漿，
將軍哭得淚汪汪。

註釋

豆醬：用黃豆製成的醬。

一 組字遊戲

1. （艸）＋（將）＝（　）
2. （將）＋（犬）＝（　）
3. （將）＋（木）＝（　）
4. （將）＋（水）＝（　）
5. （將）＋（酉）＝（　）

二　文字大會串：從兒歌中找出含有「將」的字，填在適當的（　）中。

1. 選手們賣力划著（　　），希望能奪取冠軍（　　）杯。
2. （　　）伯伯每天早晨都要吃燒餅油條和豆（　　）。
3. 我不小心把（　　）油瓶打破了。
4. 弟弟說他（　　）來要當科學家。

三　動動腦時間

1. 蔣將軍上市場做什麼？
2. 蔣將軍為什麼哭得淚汪汪？

59

堂弟當和尚

小堂弟，當和尚，
師父叫他洗衣裳，
一天洗上好幾趟，
累垮堂弟地上躺，
師父見了直嚷嚷，
說他實在不像樣，

* * * * * * * * * * * * * * * * * * * *

小堂弟，淚珠淌，
大叫不想當和尚。

一 組字遊戲

	堂	
裳		淌
	尚	
躺		趟
	當	

註釋

趟：回、次。
淌：流下來。

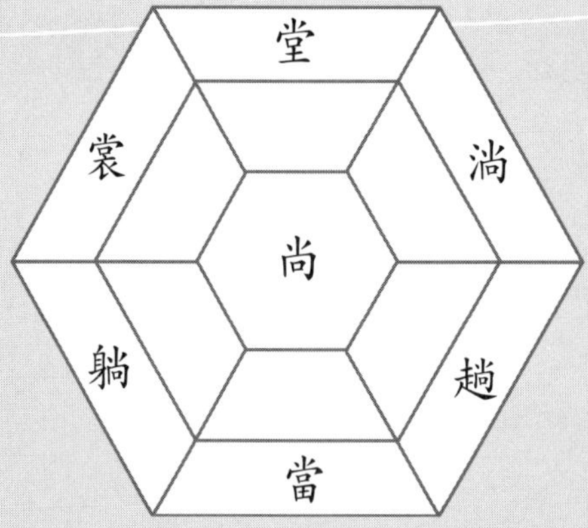

二、文字大會串：從兒歌中找出含有「尚」的字，填在適當的（　　）中。

1. 小（　　）妹穿著一件美麗的衣（　　），像個小公主。
2. （　　）你感到疲勞時，不妨（　　）下來休息一下。
3. 這樣來回跑了幾（　　），我已經（　　）下了不少汗水。
4. 彭伯伯人品高（　　），受到大家的讚揚。

三、動動腦時間

1. 小堂弟為什麼要躺在地上？
2. 小堂弟為什麼不想當和尚？

60 范天賜踢蜥蜴

范天賜，愛蜥蜴，
爸爸不得已，
送他一隻假蜥蜴，
范天賜，很生氣，
舉腳踢蜥蜴，
踢到一塊錫，

＊＊＊＊＊＊＊＊＊＊＊＊＊＊＊＊＊＊＊＊

爸爸說，別挑剔，
東西得來不容易，
給你一個小警惕，
真假蜥蜴都要愛惜。

註釋

錫：金屬名。
挑剔：苛求責備。
警惕：提高注意，有所防備。

組字遊戲

1.（　）＋（　）＝（賜）
2.（　）＋（　）＝（蜴）
3.（　）＋（　）＝（剔）
4.（　）＋（　）＝（踢）
5.（　）＋（　）＝（錫）
6.（　）＋（　）＝（惕）

二 文字大會串：從兒歌中找出含有「易」的字，填在適當的（　　）中。

1. 這隻蜥（　　）模型是用（　　）打造的。
2. 爸爸用牙線（　　）牙。
3. （　　）足球其實很容（　　），你試試看！
4. 這只是一個小小的警（　　），希望你能記住。
5. 你了解「天（　　）良緣」這句話的意思嗎？

三 動動腦時間

1. 范天賜為什麼很生氣？
2. 你覺得爸爸的話對不對？為什麼？

61 老頭追蝴蝶

胡老頭，六十五，
鬍子長長肚子凸，
賣珊瑚，賣葫蘆，
生意做完了，
打道要回府。
經過湖邊散散步，

＊＊＊＊＊＊＊＊＊＊＊＊＊＊＊＊＊＊＊＊

看見蝴蝶在飛舞，
胡老頭，真迷糊，
丟下珊瑚，
甩了葫蘆，
追著蝴蝶去跳舞。

註釋

珊瑚：一種海中的腔腸動物。
葫蘆：植物名，果實可食用。

一 組字遊戲

1. （王）＋（胡）＝（　）
2. （髟）＋（胡）＝（　）
3. （艸）＋（胡）＝（　）
4. （水）＋（胡）＝（　）
5. （虫）＋（胡）＝（　）
6. （米）＋（胡）＝（　）

二 文字大會串：從兒歌中找出含有「胡」的字，填在適當的（　）中。

1. （　）爺爺八十多歲了，頭髮和（　）子都白了。
2. 我在（　）邊散步時，看到許多漂亮的（　）蝶。
3. 迷（　）的弟弟不知把珊（　）藏到哪兒去了。
4. 奶奶在菜園裡種了幾棵（　）蘆瓜。

三 動動腦時間

1. 你覺得胡老頭是一個怎樣的人？
2. 胡老頭為什麼要追著蝴蝶去跳舞？

62 看姥姥

拿鈔票，買車票，
坐火車，搖哇搖，
我的目標在板橋。
下了車，出了站，
左邊瞄一瞄，
右邊瞟一瞟，

＊＊＊＊＊＊＊＊＊＊＊＊＊＊＊＊＊＊＊＊

漂亮東西真不少，
挑了一個大水瓢，
大水瓢，送姥姥，
姥姥說我好寶寶，
我的心兒飄哇飄。

註釋

瞟：斜著眼睛看。
水瓢：舀水的器具。

一組字遊戲

票：瞟、飄、漂、標、瓢

文字大會串：從兒歌中找出含有「票」的字，填在適當的（　）中。

1. 水面上怎麼會（　）著一個水（　）呢？
2. 寫信時，要使用（　）準信封，還要貼上郵（　），才能投入郵筒。
3. 天空中，（　）著一朵朵白雲。
4. 姊姊（　）了我一眼，好像很不屑的樣子。

三 動動腦時間

1. 兒歌中的主角搭什麼交通工具去板橋？
2. 為什麼「姥姥說我是好寶寶」？

63 阿順賣餛飩

張阿順，真勤奮，
思想很單純，
動作不遲鈍，
清早起來包餛飩。
喘口氣，打個盹，
開始賣餛飩，

＊＊＊＊＊＊＊＊＊＊＊＊＊＊＊＊＊＊＊＊

如果家境很貧困，
免費請你吃一頓。

一 組字遊戲

屯
食
糸
目
金
頁

註釋

單純：簡單不複雜。
遲鈍：反應不敏捷。
打盹：閉眼小睡。

文字大會串：從兒歌中找出含有「屯」的字，填在適當的（　）中。

1. 賣餛（　）的老闆趁著沒有客人，趕快打個（　），休息一下。
2. 員工反應太遲（　），所以被上司罵了一（　）。
3. 這件事並不單（　），需要好好調查一番。

動動腦時間

1. 想想看，張阿順是一個怎樣的人？
2. 現實生活中有沒有像張阿順這樣熱心助人的人呢？把他的故事說給同學聽。

64 狐狸搶鯉魚

小貍貓，去抓魚，
抓了一尾大鯉魚，
重量約有八兩七。
小狐狸，不講理，
搶走大鯉魚，
跑了兩三里，

＊＊＊＊＊＊＊＊＊＊＊＊＊＊＊＊＊＊＊＊

全部吃進肚子裡。
小貍貓，很生氣，
哩嚕哩嚕罵狐狸。

註釋

貍貓：動物名。
哩嚕：說話不清楚。

一 組字遊戲

1.（ ）＋（ ）＝（貍）
2.（ ）＋（ ）＝（鯉）
3.（ ）＋（ ）＝（狸）
4.（ ）＋（ ）＝（理）
5.（ ）＋（ ）＝（裡）
6.（ ）＋（ ）＝（哩）
7.（ ）＋（ ）＋（ ）＝（量）

二、文字大會串：從兒歌中找出含有「里」的字，填在適當的（　）中。

1. 你比較喜歡狐（　）還是（　）貓？
2. 一公（　）和一英（　），哪個距離比較長？
3. 這條（　）魚的重（　）大約有兩公斤。
4. 弟弟一溜煙就躲進了屋子（　）。
5. 老師教了我們許多為人處世的道（　）。

三、動動腦時間

1. 小貍貓為什麼會很生氣？
2. 你覺得狐狸的行為好不好？為什麼？

65 楊老頭喝湯

楊老頭，愛喝湯，
湯太燙，
傷了腸，
坐著輪椅晃呀晃，
來到運動場。

＊＊＊＊＊＊＊＊＊＊＊＊＊＊＊＊＊＊＊＊＊

楊老頭，揚起頭，
曬曬大太陽，
楊老頭，很舒暢，
兩邊嘴角都上揚。

註釋

舒暢：身心安適。
上揚：向上翹起或舉起。

組字遊戲

1. （木）＋（昜）＝（　）
2. （水）＋（昜）＝（　）
3. （肉）＋（昜）＝（　）
4. （土）＋（昜）＝（　）
5. （阜）＋（昜）＝（　）
6. （申）＋（昜）＝（　）
7. （手）＋（昜）＝（　）
8. （水）＋（昜）＋（火）＝（　）
9. （人）＋（𠂉）＋（昜）＝（　）

二 文字大會串：從兒歌中找出含有「易」的字，填在適當的（　）中。

1. 這鍋酸辣（　）剛煮好，所以很（　）。
2. （　）老師打球時，不小心扭（　）了腳。
3. 同學們到操（　）上曬曬太（　），感覺十分舒（　）。
4. 旗海隨風飄（　），好壯觀呀！
5. 弟弟患了（　）胃炎，正在醫院治療。

動動腦時間

1. 楊老頭為什麼會坐在輪椅上？
2. 「兩邊嘴角上揚」表示什麼意思？什麼時候嘴角會上揚？

66 女華僑過橋

女華僑，生得嬌，
坐著花轎過吊橋，
老轎夫，體力好，
身手矯健往前跑。
老轎夫，過吊橋，
吊橋搖哇搖，

＊＊＊＊＊＊＊＊＊＊＊＊＊＊＊＊＊＊＊＊

心兒跳哇跳，
女華僑，有禮貌，
拜託轎夫慢慢跑，
老轎夫，笑一笑，
放慢腳步跑。

註釋

華僑：定居在外國的中國人。
嬌：美好、可愛。
矯健：強健有力。

一 組字遊戲

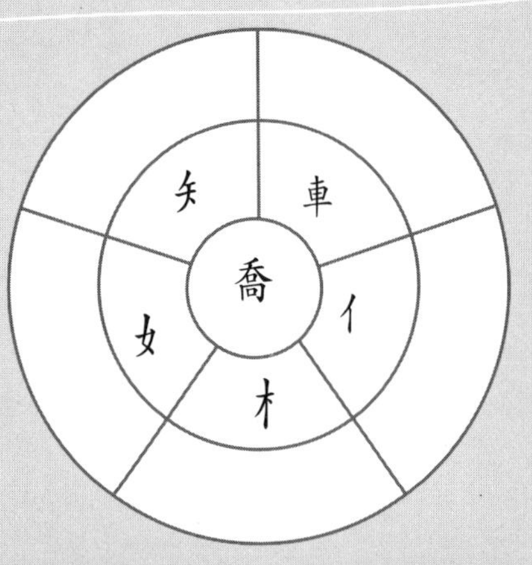

文字大會串：從兒歌中找出含有「喬」的字，填在適當的（　）中。

1. 雖然珍珍長得很（　）美，可惜心胸太狹窄了。
2. 塞車了，一輛輛（　）車停在（　）上動彈不得。
3. 這位老（　）胞雖然年紀很大，但身手非常（　）健。

動動腦時間

1. 兒歌中描述誰的心兒跳哇跳？為什麼？
2. 你有過吊橋的經驗嗎？舉個例子說說看。

67 小男孩

小男孩，雙手拍，
生日到，樂開懷。
核桃蛋糕買回來，
張開大口拚命塞。
父母親，很感慨，
咳聲嘆息真無奈，

＊＊＊＊＊＊＊＊＊＊＊＊＊＊＊＊＊＊＊＊

指正小男孩，
說他不應該，
要他毛病立刻改，
否則下次不再買。

註釋

核桃：堅硬的桃狀果實。
咳聲嘆息：嘆因憂慮煩惱而氣的樣子。

組字遊戲

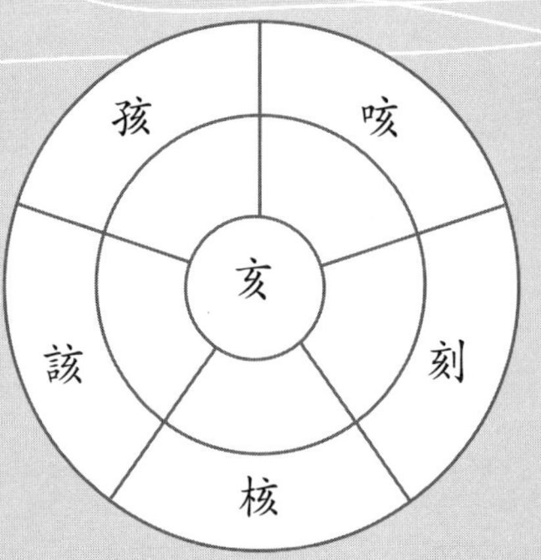

文字大會串：從兒歌中找出含有「亥」的字，填在適當的（　）中。

1. 這個女（　）感冒了，（　）得很厲害。
2. 我一看到（　）桃蛋糕，口水立（　）流了出來。
3. 這題數學應（　）怎麼解呢？我實在想不出來！

三 動動腦時間

1. 男孩的父母為什麼感到無奈？
2. 吃東西時，應該注意哪些禮儀？

68 小毛頭

小毛頭，愛工作，
臉上兩個小酒窩。
拿著鏟，背著鍋，
鍋裡裝滿蝸牛肉，
渡過溪流賣蝸牛。
渡溪遇到大漩渦，

＊＊＊＊＊＊＊＊＊＊＊＊＊＊＊＊＊＊＊＊

小毛頭，心裡沉著，
萬一落水闖了禍，
父親母親會擔憂，
小心躲，慢慢過，
終於躲過大漩渦，
快快樂樂去幹活。

註釋

酒窩：臉頰上的圓窩。
漩渦：水流旋轉時，中間較低的地方。
闖禍：惹出禍事。

一 組字遊戲

1. （　）＋（　）＝（窩）
2. （　）＋（　）＝（鍋）
3. （　）＋（　）＝（渦）
4. （　）＋（　）＝（蝸）
5. （　）＋（　）＝（禍）
6. （　）＋（　）＝（過）

二 文字大會串：從兒歌中找出含有「咼」的字，填在適當的（　　）中。

1. 媽媽把（　　）牛肉洗乾淨，放進（　　）子裡炒。
2. 我經（　　）榕樹下，發現樹上有一個鳥（　　）。
3. 酒後開車，很容易發生車（　　）。
4. 溪流中有漩（　　），大家要小心一點！

三 動動腦時間

1. 小毛頭拿著鏟、背著鍋，要做什麼事？
2. 你覺得小毛頭是一個怎樣的人？

69

莫老頭

莫老頭，太冷漠，
半句話，都不說，
一個人住很寂寞。
角膜發了炎，
模樣很落魄，
戴上眼罩手腳不俐落。

＊＊＊＊＊＊＊＊＊＊＊＊＊＊＊＊＊＊＊＊＊

東看看，西摸摸，
孤獨又寂寞，
日子實在不好過。

註釋

冷漠：生疏、不熱烈。
角膜：眼球表面的薄膜。
寂寞：冷清、孤單。

組字遊戲

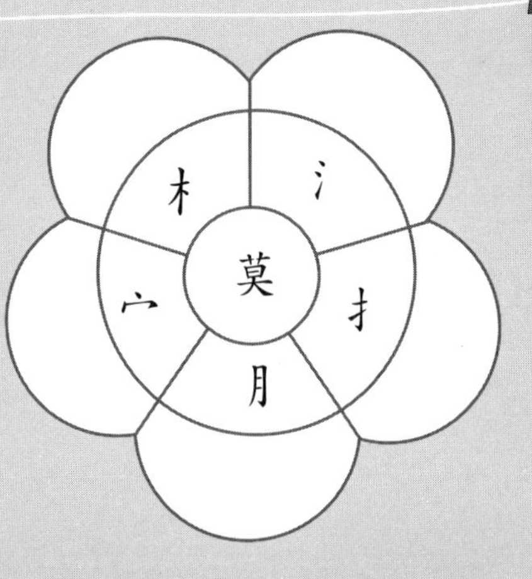

二　文字大會串：從兒歌中找出含有「莫」的字，填在適當的（　　）中。

1. 我沒有得罪哥哥，他卻對我很冷（　　），真令我感到（　　）名其妙！
2. 大明患了結（　　）炎，戴著眼罩，（　　）樣有點狼狽。
3. 爸爸（　　）著我的頭說：「你一個人在家，會不會寂（　　）？」

三　動動腦時間

1. 從哪裡可以看出莫老頭的日子不好過？
2. 看到獨居老人，你會有什麼感受？

70 鄧老爹

鄧老爹，傻愣愣，
澄清湖畔買柳橙，
皮包隨便扔，
遺失身分證，
提著燈，兩眼瞪，
看到路旁石板凳，

＊＊＊＊＊＊＊＊＊＊＊＊＊＊＊＊＊＊＊＊

鄧老爹，不吭聲，
坐上石凳歇歇腿，
等會再找身分證。

註釋

澄清湖：地名，在高雄市。
柳橙：植物名，果實可食。
瞪：張大著眼睛看。

一 組字遊戲

1. （登）＋（邑）＝（　）
2. （水）＋（登）＝（　）
3. （木）＋（登）＝（　）
4. （言）＋（登）＝（　）
5. （火）＋（登）＝（　）
6. （目）＋（登）＝（　）
7. （登）＋（几）＝（　）

二 文字大會串：從兒歌中找出含有「登」的字，填在適當的（　）中。

1. （　）叔叔把所有（　）件都弄丟了，心裡很著急。
2. 這個人坐在路旁的石（　）上，一直（　）著我，好可怕呀！
3. 我必須（　）清一件事：你的柳（　）不是我吃的！
4. 弟弟很膽小，關了（　）就不敢睡覺。

三 動動腦時間

1. 鄧老爹提燈做什麼？
2. 你有過丟東西的經驗嗎？想一想，東西為什麼會弄丟？

參考解答

1 小扒手

一、組字遊戲

1.（扒） 2.（叭） 3.（趴）

二、文字大會串

1.（叭）（叭） 2.（扒）（八） 3.（趴）

2 水泥工看彩虹

一、組字遊戲

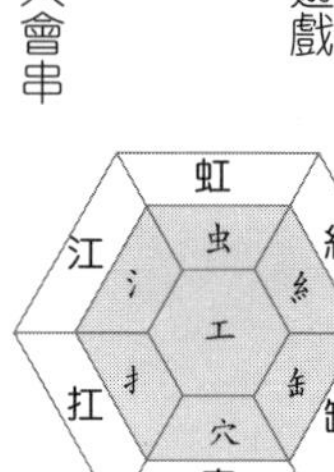

二、文字大會串

1.（缸）（紅） 2.（空）（虹） 3.（江）（扛）（工）

3 美妙

一、組字遊戲

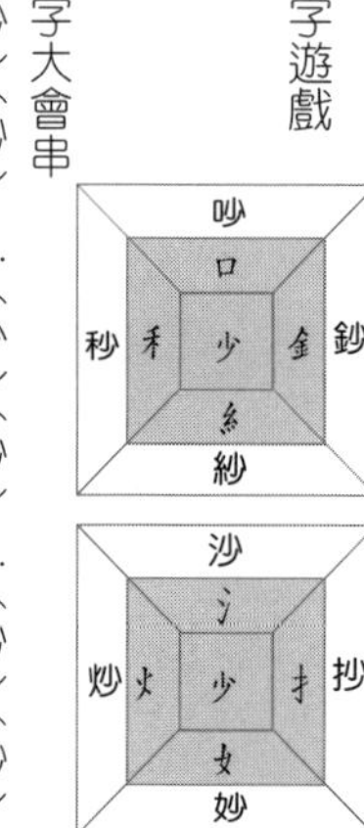

二、文字大會串

1.（沙）（炒） 2.（少）（吵） 3.（秒）（鈔）

4.（抄）（紗） 5.（妙）

4 阿胖哥

一、組字遊戲

二、文字大會串

1.（胖）（伴） 2.（半）（拌） 3.（判）（畔）

4.（絆）

5 小貓咪

一、組字遊戲

1.（咪） 2.（迷） 3.（瞇） 4.（謎）

二、文字大會串

1.（謎） 2.（迷）（咪） 3.（瞇）

6 小乞丐

一、組字遊戲

1.（人）（丁） 2.（金）（丁） 3.（口）（丁）

4.（言）（丁） 5.（目）（丁） 6.（丁）（頁）

二、文字大會串

1.（丁）（訂） 2.（頂）（仃） 3.（叮）（盯）

4.（釘）

7 大阪的攤販

一、組字遊戲

飯 阪 板 返 販
食 阝 木 辶 貝
反

二、文字大會串

1.（阪）（返） 2.（販）（飯） 3.（反） 4.（板）

8 餵蝌蚪

一、組字遊戲

1.（科） 2.（蚪） 3.（抖） 4.（料） 5.（斜）
6.（蝌）

二、文字大會串

1.（蝌）（蚪） 2.（科）（斗） 3.（抖）（料） 4.（斜）

9 姑媽賣香菇

一、組字遊戲

1.（姑） 2.（苦） 3.（枯） 4.（故） 5.（居）
6.（咕） 7.（固） 8.（菇）

二、文字大會串

1.（姑）（故） 2.（枯）（居）（菇） 3.（苦）（固）
4.（咕）（咕）

10 杜大叔吃牡蠣

一、組字遊戲

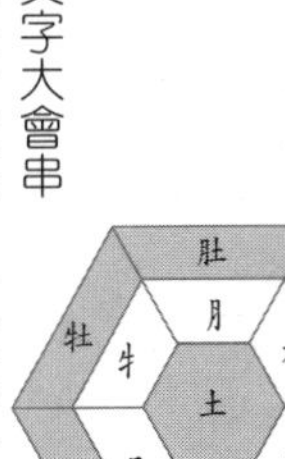

二、文字大會串

1.（杜）（牡） 2.（肚）（吐） 3.（社）（土）
4.（灶）

11 柯大哥和何二哥

一、組字遊戲

1.（柯） 2.（哥） 3.（何） 4.（河） 5.（蚵）
6.（呵） 7.（荷） 8.（歌）

二、文字大會串

1.（歌）（何） 2.（哥）（蚵） 3.（柯；何）（河）
4.（荷）（呵）（呵）

12 老礦工採銅

一、組字遊戲

1.（水） 2.（金） 3.（竹） 4.（木）

二、文字大會串

1.（洞）（銅） 2.（同）（桐） 3.（筒）

13 小青和小菁

一、組字遊戲

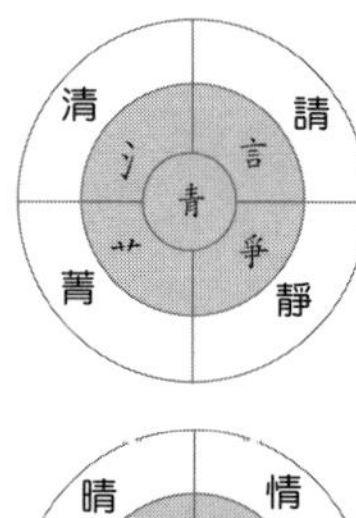

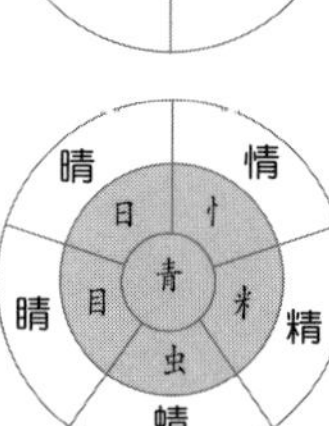

二、文字大會串

1.（睛）（精） 2.（青）（蜻） 3.（請）（情）

4.（清）（靜）（靜）（菁；精） 5.（睛）

14 單身漢

一、組字遊戲

1.（竿） 2.（汗） 3.（肝） 4.（刊） 5.（杆）

6.（罕） 7.（岸）

二、文字大會串

1.（杆）（刊） 2.（汗）（岸） 3.（竿） 4.（肝）

5.（罕）

15 盲人按摩

一、組字遊戲

1.（亡）（目） 2.（心）（亡） 3.（亡）（女）

4.（亡）（心） 5.（艸）（亡） 6.（艸）（水）（亡）

二、文字大會串

1.（忙）（忘） 2.（盲）（亡） 3.（茫）（茫）

4.（妄） 5.（芒）

16 阮小弟玩元宵

一、組字遊戲

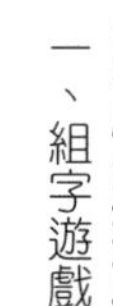

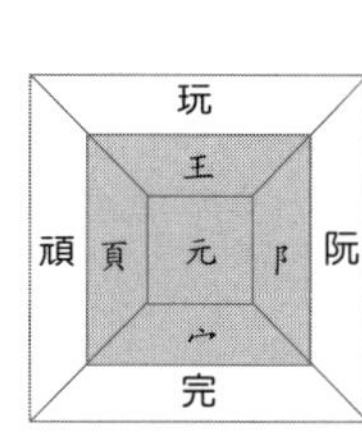

二、文字大會串

1.（阮）（完） 2.（元）（頑）（玩）

17 白伯伯

一、組字遊戲

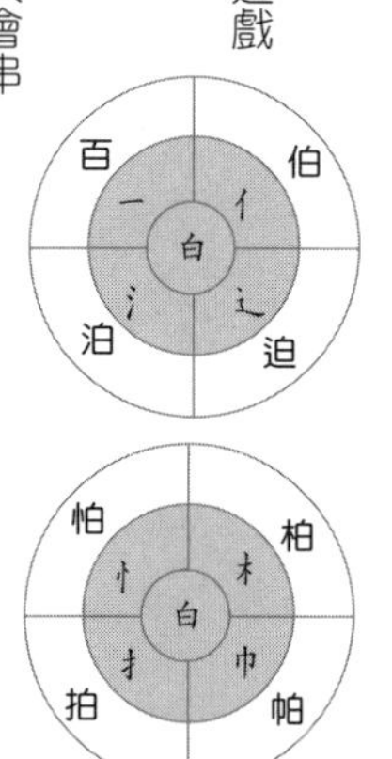

二、文字大會串

1.（伯）（伯）（白）（帕） 2.（泊）（迫）

3.（拍）（怕） 4.（百）（柏）

18 老里長

一、組字遊戲

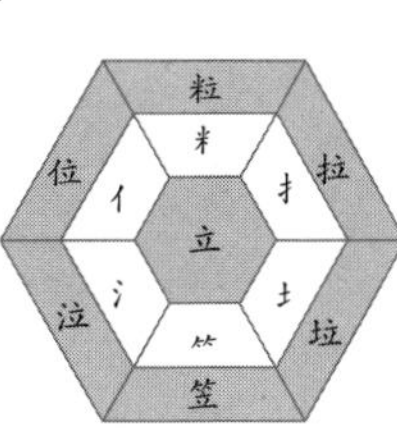

二、文字大會串

1.（笠）（垃） 2.（位）（粒） 3.（泣）（拉）

19 小胖妞

一、組字遊戲

二、文字大會串

1.（紐）（鈕） 2.（丑）（扭） 3.（羞）（妞）

20 阿兵哥

一、組字遊戲

1.（兵） 2.（邱） 3.（乒） 4.（乓） 5.（蚯）

6.（岳）

二、文字大會串

1.（岳） 2.（邱）（兵）（乒）（乓） 3.（丘） 4.（蚯）

21 曾小平賣浮萍

一、組字遊戲

1.（土） 2.（禾） 3.（手） 4.（言） 5.（心）

6.（石） 7.（艸）（水）

二、文字大會串

1.（平）（坪） 2.（萍）（怦） 3.（砰）（秤）

4.（評）（抨）

22 侏儒嚇蜘蛛

一、組字遊戲

二、文字大會串

1.（朱）（珠） 2.（蛛）（殊） 3.（株）（株）（侏）

23 丫頭賣紅豆

一、組字遊戲

1.（頭） 2.（短） 3.（痘） 4.（逗）

二、文字大會串

1.（頭）（短） 2.（痘） 3.（豆）（逗）

24 紀貴妃

一、組字遊戲

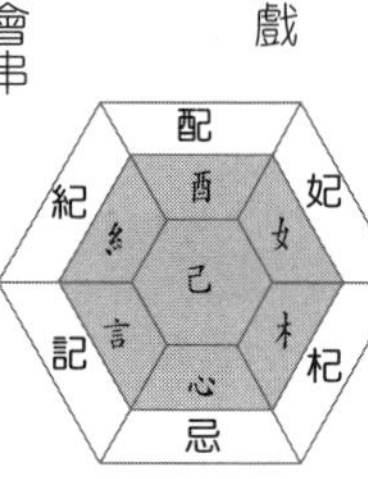

二、文字大會串

1.（紀）（記） 2.（配）（杞） 3.（忌） 4.（妃）

25 富翁怕蜈蚣

一、組字遊戲

1.（松） 2.（翁） 3.（頌） 4.（蚣） 5.（鬆）

二、文字大會串

1.（松）（蚣） 2.（翁） 3.（鬆） 4.（頌）

26 鮑小弟

一、組字遊戲

二、文字大會串

1.（鮑）（飽） 2.（抱）（跑） 3.（炮）（袍）

27 兄弟賣肉粽

一、組字遊戲

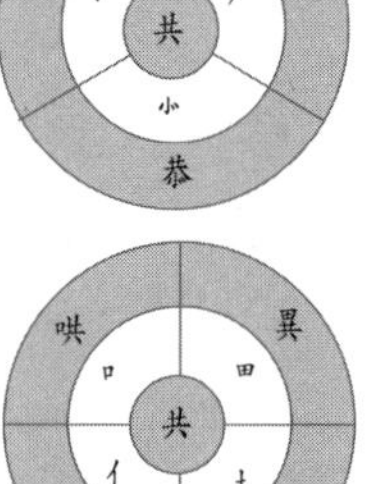

二、文字大會串

1.（烘）（供） 2.（恭）（共） 3.（洪）（拱）

4.（哄）（哄）（異）

28 雅雅和烏鴉

一、組字遊戲

1.（烏） 2.（穴） 3.（艸） 4.（口） 5.（言）

6.（隹）

二、文字大會串

1.（穿）（雅） 2.（呀）（鴉） 3.（芽）（訝）

29 雙胞胎

一、組字遊戲

1.（風）（台） 2.（水）（台） 3.（心）（台）

4.（手）（台） 5.（肉）（台） 6.（台）（心）

二、文字大會串

1.（治）（怠） 2.（颱） 3.（胎）（抬） 4.（怡）

30 英雄插秧

一、組字遊戲

英 鴦 秧 殃 映
艹 鳥 禾 歹 日
央

二、文字大會串

1.（鴦）（央） 2.（英） 3.（秧） 4.（映） 5.（殃）

31 安琪發脾氣

一、組字遊戲

1.（琪） 2.（棋） 3.（基） 4.（欺） 5.（箕）

6.（期） 7.（旗）

二、文字大會串

1.（棋）（基） 2.（期）（旗） 3.（箕）（其）

4.（琪） 5.（欺）

32 弟弟學打靶

一、組字遊戲

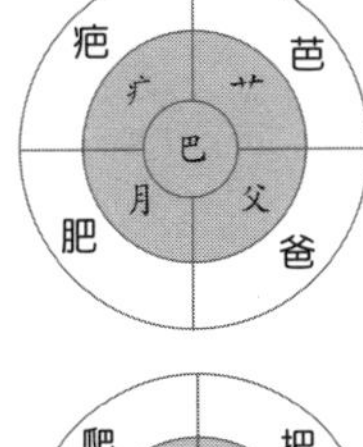

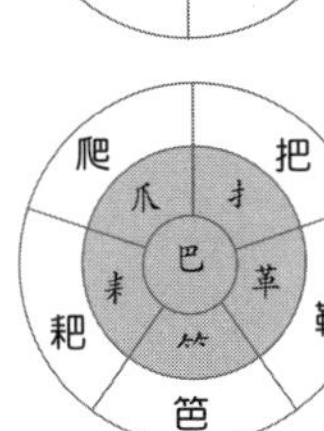

二、文字大會串

1.（笆）（芭） 2.（巴）（疤）

3.（把）（耙） 4.（爸）（爸）（肥）（爬） 5.（靶）

33 方小芳減肥

一、組字遊戲

二、文字大會串

1.（旁）（房） 2.（芳）（放） 3.（訪）（肪）

4.（方）（防） 5.（仿）

34 牧童買油

一、組字遊戲

袖 笛 油 柚 抽
礻 竹 氵 木 扌
由

二、文字大會串

1.（袖）（笛） 2.（抽）（油） 3.（柚）

35 李爺爺開農場

一、組字遊戲

二、文字大會串

1.（羊）（鮮） 2.（烊）（詳） 3.（徉） 4.（祥）

5.（洋）

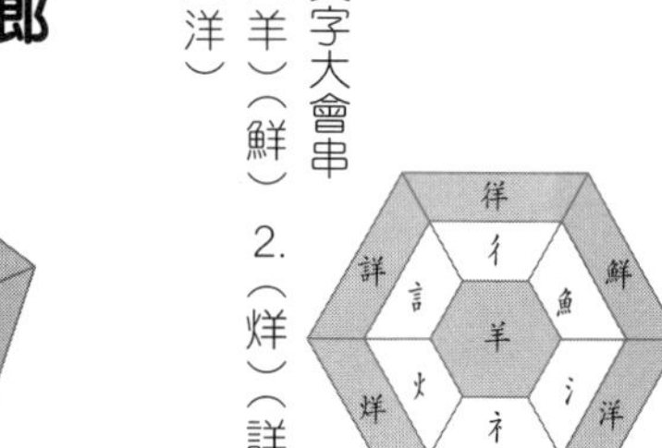

36 打漁郎

一、組字遊戲

二、文字大會串

1.（坑） 2.（航）（杭） 3.（吭） 4.（抗）

37 趙王爺娶媳婦

一、組字遊戲

二、文字大會串

1.（府）（附） 2.（駙）（拊） 3.（咐）（符） 4.（付）

38 老婆婆撿玻璃

一、組字遊戲

1.（坡） 2.（玻） 3.（被） 4.（破） 5.（跛）

6.（婆） 7.（菠）

二、文字大會串

1.（菠）（婆）（婆） 2.（坡）

3.（玻）（破）（跛）（跛） 4.（被）

39 林爸爸

一、組字遊戲

二、文字大會串

1.（跨）（胯） 2.（垮） 3.（誇）

40 笨賊偷蓓蕾

一、組字遊戲

1.（土）（音） 2.（音）（刀） 3.（阜）（音）

4.（貝）（音） 5.（人）（音） 6.（艸）（音）

7.（音）（邑） 8.（艸）（人）（音）

二、文字大會串

1.（陪）（菩） 2.（倍）（賠） 3.（培）（蓓）
4.（剖）（部）

41 小珍珍生病

一、組字遊戲

1.（王）（彡） 2.（疒）（彡） 3.（走）（彡） 4.（言）（彡）

二、文字大會串

1.（疹）（診） 2.（珍） 3.（趁）

42 小樵上學

一、組字遊戲

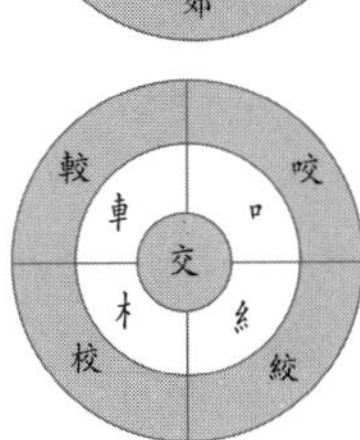

二、文字大會串

1.（校）（郊） 2.（咬）（餃） 3.（絞）（效） 4.（較）

43 姑娘等情郎

一、組字遊戲

良
月 朗
阝 郎
氵 浪
女 娘
犭 狼

二、文字大會串

1.（郎）（娘） 2.（朗）（浪） 3.（狼）（良）

44 馮小弟吃豆花

一、組字遊戲

馬
冫 馮
王 瑪
石 碼
女 媽
虫 螞
罒 罵

二、文字大會串

1.（馮）（馬） 2.（媽）（媽）（螞） 3.（瑪）（罵）
4.（碼）

45 孫小毛

一、組字遊戲

1.（艸） 2.（木） 3.（酉） 4.（糸） 5.（金）
6.（豸） 7.（火）

二、文字大會串

1.（約）（豹） 2.（灼）（釣） 3.（芍）（杓）
4.（酌）

46 巨無霸種萵苣

一、組字遊戲

1.（足）（巨） 2.（矢）（巨） 3.（手）（巨）

4.（火）（巨） 5.（艸）（巨） 6.（金）（巨）

7.（水）（巨）（木）

二、文字大會串

1.（巨）（鉅） 2.（苣）（渠） 3.（炬）（拒）

4.（距）（矩）

47 姚大叔賣楊桃

一、組字遊戲

二、文字大會串

1.（姚）（桃） 2.（挑）（跳） 3.（眺） 4.（逃）

48 小偷坐牢

一、組字遊戲

二、文字大會串

1.（靠）（皓） 2.（窖）（造） 3.（告）（酷）

49 老和尚與小和尚

一、組字遊戲

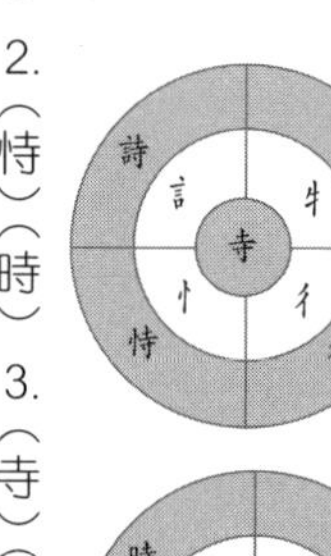

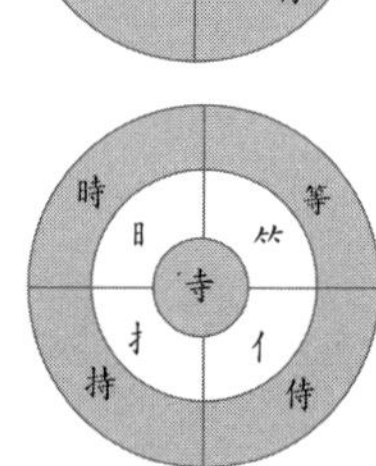

二、文字大會串

1.（特）（詩） 2.（恃）（時） 3.（寺）（持）

4.（等）（侍） 5.（待）

50 吳名俠

一、組字遊戲

二、文字大會串

1.（莢）（頰） 2.（峽）（狹） 3.（俠）（夾）

51 白鵝和飛蛾

一、組字遊戲

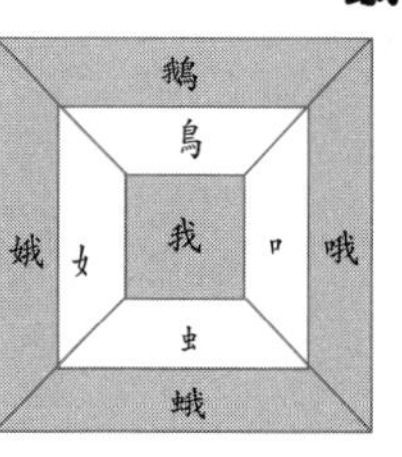

二、文字大會串

1.（鵝）（哦）（哦） 2.（娥） 3.（蛾）

52 妹妹踩青菜

一、組字遊戲

1.（綵） 2.（彩） 3.（踩） 4.（菜） 5.（採）

6.（睬）

二、文字大會串

1.（踩）（睬） 2.（彩）（菜） 3.（採） 4.（綵）

53 大偉帶軍隊

一、組字遊戲

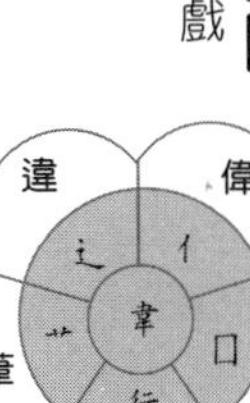

二、文字大會串

1.（衛）（偉） 2.（違） 3.（圍） 4.（葦）

54 趙姑娘煮元宵

一、組字遊戲

梢 木 | 俏 亻 | 逍 辶 | 霄 雨 | 肖

消 氵 | 趙 走 | 悄 忄 | 宵 宀 | 肖

二、文字大會串

1.（趙）（俏） 2.（消）（逍） 3.（梢）（悄）（悄）

4.（宵）（霄）

55 錢老闆

一、組字遊戲

1.（金） 2.（食） 3.（貝） 4.（歹） 5.（水）

6.（足） 7.（水）（貝）

二、文字大會串

1.（餞）（錢） 2.（殘）（賤） 3.（踐）（濺）

4.（淺）

56 鍾小弟和董小妹

一、組字遊戲

1.（金） 2.（力） 3.（行） 4.（艸） 5.（禾）

6.（肉）

二、文字大會串

1.（衝）（腫） 2.（種）（鍾） 3.（董）（動）

4.（重）

57 姊姊抓蝴蝶

一、組字遊戲

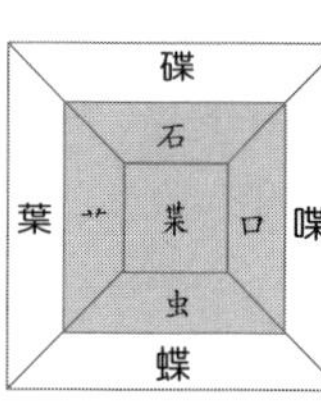

二、文字大會串

1.（葉）（喋）（喋） 2.（碟） 3.（蝶）

58 將軍賣豆漿

一、組字遊戲

1.（蔣） 2.（獎） 3.（槳） 4.（漿） 5.（醬）

二、文字大會串

1.（槳）（獎） 2.（蔣）（漿） 3.（醬） 4.（將）

59 堂弟當和尚

一、組字遊戲

二、文字大會串

1.（堂）（裳） 2.（當）（躺） 3.（趟）（淌） 4.（尚）

60 范天賜踢蜥蜴

一、組字遊戲

1.（貝）（易） 2.（虫）（易） 3.（易）（刀）

4.（足）（易） 5.（金）（易） 6.（心）（易）

二、文字大會串

1.（蜴）（錫） 2.（剔） 3.（踢）（易） 4.（惕）

5.（賜）

61 老頭追蝴蝶

一、組字遊戲

1.（瑚） 2.（鬍） 3.（葫） 4.（湖） 5.（蝴）

6.（糊）

二、文字大會串

1.（胡）（鬍） 2.（湖）（蝴） 3.（糊）（瑚）

4.（葫）

62 看姥姥

一、組字遊戲

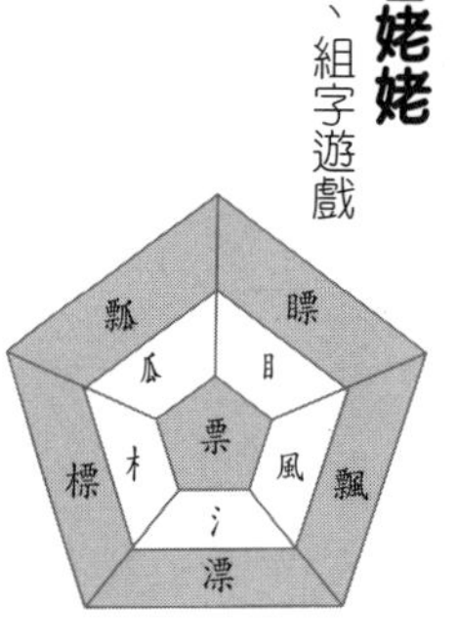

二、文字大會串

1.（漂）（瓢） 2.（標）（票） 3.（飄） 4.（瞟）

63 阿順賣餛飩

一、組字遊戲

屯：糸 純、目 盹、金 鈍、頁 頓、食 飩

二、文字大會串

1.（飩）（盹） 2.（鈍）（頓） 3.（純）

64 狐狸搶鯉魚

一、組字遊戲

1.（豸）（里） 2.（魚）（里） 3.（犭）（里）
4.（王）（里） 5.（衣）（里） 6.（口）（里）
7.（曰）（一）（里）

二、文字大會串

1.（狸）（貍） 2.（里）（里） 3.（鯉）（量） 4.（裡）
5.（理）

65 楊老頭喝湯

一、組字遊戲

1.（楊） 2.（湯） 3.（腸） 4.（場） 5.（陽）
6.（暢） 7.（揚） 8.（燙） 9.（傷）

二、文字大會串

1.（湯）（燙） 2.（楊）（傷） 3.（場）（陽）（暢）
4.（揚） 5.（腸）

66 女華僑過橋

一、組字遊戲

喬：車 轎、亻 僑、木 橋、女 嬌、矢 矯

二、文字大會串

1.（嬌） 2.（轎）（橋） 3.（僑）（矯）

67 小男孩

一、組字遊戲

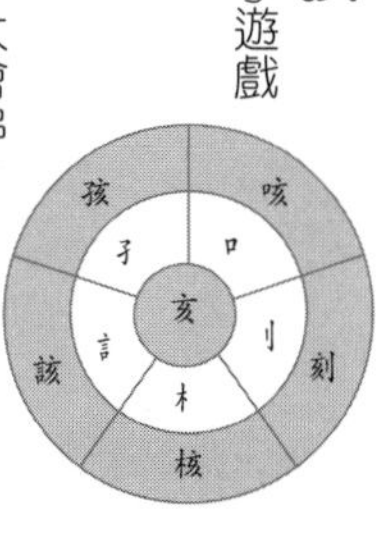

二、文字大會串

1.（孩）（咳） 2.（核）（刻） 3.（該）

68 小毛頭

一、組字遊戲

1.（穴）（咼） 2.（金）（咼） 3.（水）（咼）

4.（虫）（咼） 5.（示）（咼） 6.（咼）（辶）

二、文字大會串

1.（蝸）（鍋） 2.（過）（窩） 3.（禍） 4.（渦）

69 莫老頭

一、組字遊戲

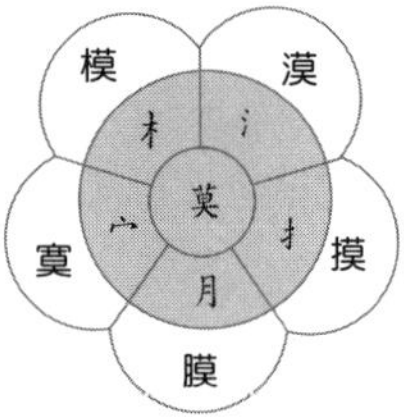

莫
氵 漠
扌 摸
月 膜
宀 寞
木 模

二、文字大會串

1.（漠）（莫） 2.（膜）（模） 3.（摸）（寞）

70 鄧老爹

一、組字遊戲

1.（鄧） 2.（澄） 3.（橙） 4.（證） 5.（燈）

6.（瞪） 7.（凳）

二、文字大會串

1.（鄧）（證） 2.（凳）（瞪） 3.（澄）（橙） 4.（燈）

國家圖書館出版品預行編目資料

識字兒歌／李光福 作. -- 二版. -- 臺北市：
小魯文化，2014.04
面； 公分. --（小魯語文堡；LC26N）

ISBN 978-986-211-426-1（平裝）

1. 漢語教學 2. 識字教育 3. 兒歌 4. 初等教育

523.311 103001505

小魯語文堡

識字兒歌

作者／李光福
發行人／陳衛平
執行長／沙永玲
總編輯／陳雨嵐
出版者／小魯文化事業股份有限公司
地址／106 臺北市安居街六號十二樓
電話／（02）27320708（代表號）
傳真／（02）27327455
網址／www.tienwei.com.tw
E-mail／service@tienwei.com.tw
facebook 粉絲團／小魯粉絲俱樂部
郵政劃撥／18696791 帳號
出版登記證／局版北市業字第五四三號
初版一刷／西元二〇〇四年十一月
二版二刷／西元二〇一四年九月
定價／新臺幣二五〇元